50 Questions for Success Negotiation

50個問題吃定所有對手

從買菜要蔥到ECFA談判桌

史蒂夫・巴畢茨基（Steve Babitsky）
吉姆・曼桂威提（Jim Mangraviti）著

黃貝玲 譯

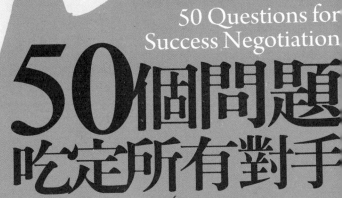

目次

問題

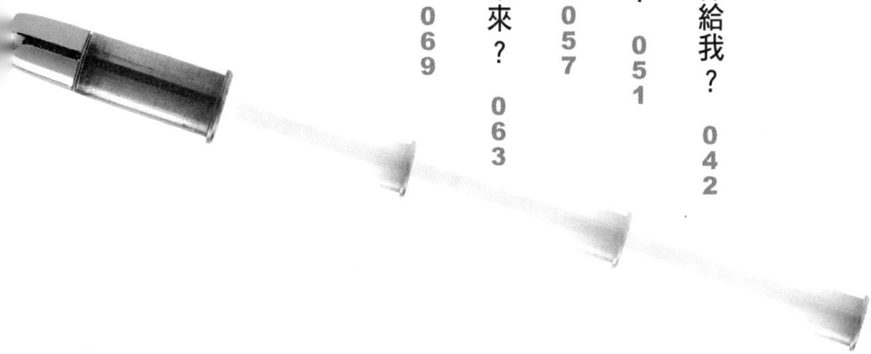

第六類　把餅做大

第七類　有利價格

第八類　打破僵局

第九類　敲定成交

第十類 心理戰術

推薦序 換個角度看協商

協商是一門學問，良好的協商能創造雙贏的局面，產生互惠互利的結果。長久以來，大部分的國人都害怕協商，一方面囿於面子，擔心協商不成，反傷情面；另一方面囿於技巧，拙劣的協商技能，易弄巧成拙。但隨著台灣社會愈來愈民主化與多元化，我們與不同世代的人接觸機會增多，我們看待協商的態度是不是也該有所改變？

本人從事國際經貿事務數十載，歷經無數次之貿易談判與協商，深感要成爲傑出的協商者，需要智慧、也需要學習，需要體力、也需要耐力。成功協商的祕訣在於：盡一切可能爭取繼續溝通的機會，絕不破裂、絕不放棄，唯有創造雙贏的策略，才是最高指導原則。相反地，若只站在自己本位立場，一味地固執與堅持，遇到壓力即以說「NO」收場，固然可一時氣壯山河，搏得滿堂喝采，短期似乎維護尊嚴，但長遠來看，雙方協商破裂，除一事無成外，利益損失可能更爲慘重，這是值得我們深切思考的事情。

特別在後ECFA時代，台灣將逐漸走向世界，世界也將逐步走進台灣，未來國人與世界公民接觸增加，彼此協商的機會也會倍增，面對此一趨勢，我們亟需重新看待協商這件事情，而時報文化選在此時出版《50個問題吃定所有對手》一書，正是大家所期盼適時而爲的好書。

本書提及五十個協商問題，並以協商之探聽資訊、找對的人、先發制人、定錨效應（anchoring）、建立優勢、把餅做大、有利價格、打破僵局、敲定成交、心理戰術等十大部分進行解析，作者精心策畫，獨具巧思，深入剖析各項協商技巧，並融合二十多年教授協商技巧的經驗與見地，國人若能將之運用在日常生活及組織工作上，將可日益熟稔協商技巧，並獲得可觀的實質效益。本人鑑於協商技巧之重要性，爰樂藉序文一角大力推薦，特爲之序。

經濟部國際貿易局 局長 黃志鵬 謹誌

二〇一〇年九月

前言

二十四歲的賴瑞是一名電工學徒，也是退役的越戰軍人。有一次，他在波士頓一幢三層樓高的屋子上安裝戶外照明設備，因爲倚靠著的欄杆突然斷裂而摔落地面。賴瑞在下墜途中撞到曬衣繩，跌斷了脖子，被送到醫院動手術。幾天後，醫生告訴他，傷勢導致他肩膀以下永久癱瘓，四肢再也無法動彈。出院後，負責他一切醫療照護的職災保險公司，將他安置到安養中心的一房一廳無障礙公寓裡。保險公司每星期支付他二十三歲的妻子一百五十美元，請她二十四小時照顧賴瑞。他妻子爲了照顧他弄得身心俱疲。一年後，她和賴瑞離婚，嫁給他最好的朋友。賴瑞孑然一身，缺乏穩定的照顧，身心每況愈下。

賴瑞向法律事務所尋求協助。一位年輕的律師前往賴瑞居住的地方拜訪他，他的現狀令律師難過到當天再也無心回辦公室上班，甚至感到身體不舒服。

接下來三年，這名剛從法學院畢業的律師，代表賴瑞向保險公司爭取理賠。期間，律師爭取到一輛身障專車、無障礙住家、二十四小時的醫療照護，甚至還爭取到一筆能讓賴瑞一輩子衣食無缺的豐厚和解金。賴瑞搬到氣候比較溫暖的南加州，全天候照顧他的護士也和他一起搬過去，三十五年來，他過得既健康、又快樂。直到如今，他和那位幫他爭取權益的律師依舊是好朋友。

向保險公司爭取到和解金之後，賴瑞要律師靠近他的輪椅，然後輕聲在他耳邊說：「史蒂夫，你拯救了我的人生。」

故事裡的年輕律師，就是我，本書筆者之一史蒂夫・巴畢茨基（Steve Babitsky）。那是我第一次意識到有效協商的力量，以及協商能讓人的一生產生多大改變。這次經驗激發出我的熱忱，決心要培養協商技巧、並將技巧傳授給他人。

另一名和我一樣畢業於波士頓法學院（Boston College Law School）的年輕律師吉姆・曼桂威提（Jim Mangraviti），於一九九三年加入我開設的教育訓練中心，是我非常看好的後進，也是本書及其他幾本書的共同筆者。我們一同經營全國知名的習克訓練與顧問公司（SEAK, Inc.）。書中許多例子與故事，都是直接或間接取材自我們過去幾年接觸的個案。

我們希望這本書能幫助各位透過有效的協商，大幅改善自己的生活。出版本書的目的是要改變大家看待協商、面對協商的態度。許多人害怕協商，是因爲他們多半不善於協商。透過本書提出的五十個問題，各位將可以輕輕鬆鬆獲得更好的協商結果。協商既是避不掉的現實，也是爲自己與家人爭取應得權益的基本方式。協商是日常生活不可或缺的一環，小到電話帳單，大到商場上的往來都得運用到，你根本無從避開。唯一的選擇是：學會善加運用協商技巧，否則就只能等著承擔苦果。這本書將教導各位如何增強協商的功力。

大約十年前，我們兩人親眼目睹一次糟得嚇人的協商，這件事更加深了我們協助客戶提升協商技巧的決心。

當時我們人在夏威夷，替一群醫師上我們公司規畫的課程。和我們在一起的是一名年輕的基層醫師，既沒有高收入、也不富有，是一個靠死薪水度日、已經有四個孩子的父親。我們就叫他泰德好了，他的夢想是有朝一日退休後能住在夏威夷。午餐時，他請我們陪他去看附近一間待售的公寓。

午餐時間有一小時。泰德和我們開車前往那棟公寓大樓，看一間兩房的房子，房仲也在。泰德反覆不斷地說他有多愛這間房子，說他知道房價會上漲，當然也沒忘了說他多麼希望退休後能住在夏威夷。那名房仲（那時想必已經開始流口水了）告訴泰德，同類型的房子只剩下這間了，有對夫妻幾個小時後就要來下訂金，房子開價二十五萬美元。我們目睹的協商過程如下：

泰德：我真的想買這間房子，價錢有得談嗎？

房仲：沒辦法。

泰德於是打電話給他太太，問她急用的支票戶頭內還有多少錢，然後要她將支票簿快遞過來。接著，他讀也沒讀就簽了好幾頁房仲提供的空白文件（裡頭甚至沒有具體說明他買的是哪間房子、價格多少），短短三十五分鐘，就照對方開的價錢買下那間房子。

我們三人回到上課地點，完全無法相信我們剛剛看到的過程。這簡直令我們目瞪口呆，一個聰明如醫師的人，怎麼會這麼不懂得協商？他怎麼會那麼好騙，相信房仲口中那對夫妻會回來付訂金？他怎麼能讀也不讀，便不假思索簽下那幾頁空白的法律文件，不先請律師看過？任何人只要略懂一些基本協商技巧（別把底牌攤在檯面上、營造優勢，還有問對問題），都可以輕易替這筆交易省下數萬美元。回到上課地點後，泰德告訴大家，他剛剛利用午餐時間買下一間房子，馬上又有兩、三位醫師跑去看看還有沒有別間房子可以買！

就是這個時候，我們倆深切體會到，確實有教導高學歷者如何談判的迫切必要。最近發生的幾個事件，讓這層體會再度獲得印證：只要看看楊致遠在二〇〇八年，打算把雅虎賣給微軟時的糟糕表現就知道了。他出售公司的笨拙策略與手法，是典型協商失敗的例子，你可以從中看到，不懂協商可能會出什麼差錯。

二〇〇八年五月，微軟執行長史蒂夫·鮑默爾（Steve Ballmer）向雅虎當時的執行長楊致遠提議，要以大約五百億美元的價格收購雅虎。楊致遠回絕了，他堅持要五百五十億美元。等了幾個月未果之後，鮑默爾受夠了，乾脆將五百億美元全數撤回。

協商失敗不僅讓楊致遠丟了執行長一職，更讓雅虎因而損失了大約二百億美元。我們經常可以從新聞上看到像雅虎這類備受矚目的購併案，不過，協商是不分規模大小的，是每個人日常生活的一環。

夏威夷公寓大樓事件之後，我們決定採取行動。公司的訓練課程與顧問服務，馬上加入面對面協商訓練這一項，協商訓練包括持續的教育課程、企業內部訓練，以及一對一協商技巧輔導。我們還共同出版了兩本暢銷書，暢談醫師可以如何提升協商技巧。

本書五十個問題依據的概念，係源自我們爲全美數千名專業人士所進行的訓練，我們從這些訓練中了解到兩件事：

- 許多聰明絕頂的人都不善於協商。
- 懂得協商的人不僅在財務、事業上更勝一籌，生活也過得比較好。

協商是一門藝術，複雜不易懂。一般而言，你得投入多年的努力，才有機會成爲一名傑出的協商者。但是，只要有人教你該如何協商，多數人還是可以快速、輕鬆地學好協商實務。這正是本書的目的，我們要讓協商技巧變得更容易學習、也更容易應用。這本書汲取我們二十多年來教授協商技巧的經驗，再精煉成五十個問題，任何人都可以快速學習、立即運用。

我們的概念是要協助各位了解箇中訣竅，快速、輕鬆地增進協商功力。這正是這本書的精髓：可以快速上手、且明顯有效的協商建議，因爲各位只要學會在適當的協商情境下，提問這五十個問題，便可以運用自如。最棒的是，我們的問題適用於任何協商場合，從購屋、購車，到各式各樣的商場交易，甚至還能幫助各位向電信公司或有線電視公司爭取更優惠的費率。每個協商過程，往往都會運用到不只一個問題。

每次講授協商技巧的課程，總免不了會有學員希望我們列出最適合在協商中運用的問題。這是他們在上課之餘，最想「外帶」、也最重視的收穫。理由很簡單也很有吸引力：只要懂得問最恰當的問題，馬上就能讓你的協商功力大增。

本書中所列的問題，是非常實用的，我們自己隨時隨地都在運用。事實上，當我們向編輯描述這本書的概念時，我們相信自己掌握了協商的關鍵點。而編輯也告訴我們，他們親自嘗試運用我們所建議的問題，獲得的成果都不錯。

我們努力將這本書，設計得讓讀者能容易上手、也能快速閱讀。每個問題都以約四至五頁的篇幅詳加說明，並特地於每個問題的結尾，以【怎麼運用】單元做快速摘要，再以【怎麼回應】單元讓各位了解，如果有人在協商過程對你提出類似問題，應該如何回應。當然，這些罐頭答案只是簡單的原則，各位應該依據自己當下面對的協商狀況，做出適當的回應。

我們希望各位能從這些罐頭答案中，了解到以下重點：第一，只要你有備而來，再難回答的問題往往也都會有令人印象深刻的答案——有時候還會是令人極難忘懷的答案；第二，沒有所謂「完美答案」這種東西，一些棘手的問題甚至不存在任何好的答案；第三，你永遠可以選擇迴避問題或答非所問，千萬別認爲自己有義務完全照著對方期待的方式回答。協商的新手通常最難做到最後一點，他們可能會認爲不配合對方是不禮貌或不恰當的。但是經驗老到的協商者都知道，不以對方想要的方式回答協商過程中的諸多問題，沒有什麼大不了，這是很稀鬆平常的。

我們之所以要加入罐頭答案還有一項原因，就是這些答案可以協助各位進一步了解協商過程。當我們分析爲什麼某些回應方式比較恰當時，也等於針對許多協商策略、戰術與觀念，提出我們的評論。我們覺得，以具體的問題與答案爲背景來加以評論，可以讓各位更全面體會到，協商過程中許多錯綜複雜、瞬息萬變的微妙之處。

我們將這五十個問題歸納爲十個類別，每一類都會有一小段簡短的引言，除了扼要闡述協商理論，更希望能協助各位將該類別裡的各項問題串連起來。

我們絕對相信，最擅長協商的人將最有機會成功。我們眞心希望，這本書能讓各位立即、顯著地提升協商技巧，並在事業和生活上雙雙獲致成功。

第一類

探聽資訊

協商能否成功，通常和你能蒐集到多少確切資訊有直接關係，包括對方的目標、期限及手邊有什麼替代方案等。舉例而言，如果你能判定對方的時間緊迫，也不知道有什麼其他方法可以解決，你在這場協商過程中便能占盡上風。要蒐集有用的資訊，有個極其有效的方法，便是問對方以下幾個看似無妨的問題，這些問題可以幫各位從對方口中套出寶貴的資訊。

問題1 你是從哪裡知道我們的？

資訊就等同協商的力量。在協商過程中，你能蒐集到的資訊愈多，便愈占上風。「你是從哪裡知道我們的？」是高段的、零風險的問題，賣家應該隨時把這個問題掛在嘴邊，以便獲得一些資訊。

「你是從哪裡知道我們的？」這句話的用意，單純是爲了讓潛在顧客開口說話。這個問題本身是開放的，鼓勵對方海闊天空地回答。你的協商對象通常會脫口說出可能對他們不利的資訊，例如別人如何向他們推薦你、他們目前的狀況、他們爲什麼急著要談成交易等。

問「你是從哪裡知道我們的？」的一大好處是，完全沒有風險。這麼問絕對不會冒犯對方，聽起來也很單純，就像是在閒聊。毫無疑問，問這個問題不會有壞處。銷售產品與服務的人應該經常問「你是從哪裡知道我們的？」

我們發現，只要問新的潛在顧客：「你是從哪裡知道我們的？」對方幾乎都會回答。理由很簡單，這個問題聽起來很單純，感覺上也很合理，你的協商對象沒有理由不回答。經驗豐富的協商者回答這個問題時或許會小心翼翼，但你還是可以從答案中嗅到一些蛛絲馬跡。

「你是從哪裡知道我們的？」的另一項重要好處是，可以幫助賣家追蹤不同行銷活動的效果。假設你在某家報紙刊登一則廣告，只要有人打電話來詢問你提供的服務，便可以問他們：「你是從哪裡知道我們的？」如果有幾個人回答，他們看到你刊載在某家報紙上的廣告，你就會知道那則廣告是有效的，之後或許會考慮繼續刊登。反之，如果沒半個人提及那則廣告，你便可以考慮不要再刊載那則廣告。

如果你能在問了「你是從哪裡知道我們的？」之後，繼續追問一些問題，將會讓問這個問題的觸角更加延伸。你的協商對象一旦回答了一個問題，便可能繼續回答接下來的問題。對話會順著這個方向進行，而你的協商對象也就展現出他們願意回答問題的態度。

後續提出的問題能不能問得恰到好處，就看你是否仔細聆聽你接收到的回答了。這一切的目的都是希望，能讓你的協商對象透露出些你不知道的資訊，包括他們爲什麼打電話給你、他們的情況、時間表、遇到的問題、編列的預算，或任何其他足以幫助你提升優勢的訊息。讓我們看看以下的例子吧。

我們最近接到一位在聯邦政府機構上班的人來電，想請我們幫忙訓練他們的員工。協商過程如下：

潛在顧客：你好，我希望貴公司能為我們做一些訓練。

筆者：好極了，你是從哪裡知道我們的？

潛在顧客：我們有一位同事參加過你們的研討會，他說你們的課程非常棒，還說你們是最好的。

筆者：你們可以接受訓練的時間是什麼時候？

潛在顧客：唔，是這樣的。我們得在十月一日前消化掉許多預算，所以最好能安排在那之前。

筆者：好的，我們絕對可以幫你解決你們的問題。

從上述例子可以看出，問「你是從哪裡知道我們的？」及後續幾個無害的問題，能帶來多麼驚人的好處。從對方的回答當中，我們可以獲知極爲寶貴的資訊，包括他們已經認定我們是最好的，換句話說，他們已經接受我們了。最重要、最寶貴的資訊，來自我們後續問的這個問題：「你們可以接受訓練的時間是什麼時候？」我們獲得的回應是，他們手邊有許多錢得趕快花掉，這正是我們希望釣到的無價資訊，讓我們知道協商可以很快談出結果，並以前所未有的高價爲他們做訓練。

問題

你是從哪裡知道我們的？

怎麼運用

賣家應該每次都問潛在顧客「你是從哪裡知道我們的？」這個問題不僅沒有風險，還能帶給你許多寶貴的資訊。這些資訊通常包括你協商對象的動機、期限、預算、意圖等，可以大大強化你於協商過程中所處的形勢。這個問題還可以協助你構思後續該問什麼問題，以便取得更多實用的資訊。此外，「你是從哪裡知道我們的？」的另外一大好處是，能幫你追蹤不同行銷活動的成效。

怎麼回應

如果有人問你這個問題，有一個很好的回應方式，就是讓對方認為，你正在積極尋找最好的條件。這麼回答有助於大大提升你的協商優勢，因為賣家會認為他得給你最好的優惠，才能抓住你這筆生意。請看看以下的例子，這是當被賣家問及「你是從哪裡知道我們的？」時，我們典型的回應之道。

印刷廠：你是從哪裡知道我們的？

筆者：我的助理給我一張清單，上頭列了三、四十家能接這類案子的印刷廠，方便我多方比價，找出價格最低的。

問題2 最近怎麼樣？

協商的成功與否，和你所得知資訊的質與量，有直接關係。手邊的資訊愈多，便能獲得愈理想的結果。「最近怎麼樣？」是一個低調、聽起來很單純的問題，能幫你從協商對象那裡獲得寶貴的資訊。利用這個問題和類似的簡單對話來開啓協商，是挺不錯的方式。事實上，這個方法我們自己也很常用。

這個問題有許多變化，包括「最近生意好不好？」、「你們最近都在忙些什麼？」、「最近忙不忙？」等諸如此類的問句。問這個問題是爲了讓自己顯得友善、健談、合乎社交禮儀。仔細聆聽對方的回應，你將會訝異對方可能脫口說出什麼寶貴的資訊。

只要運用得當，這個問題不會有什麼壞處。要零風險地運用這項技巧，關鍵就在要非常謹慎地詢問你的協商對象，並且問適當的問題。態度和善地詢問，加上仔細聆聽，將能幫你獲得不少資訊。

以下舉兩個例子，第一個例子是對方用這個問題用來對付我們。多年前，筆者和妻子為了買車，和某位業務員展開一場協商。以下是這場協商在試車之後開始的情形，我們坐在業務員的辦公室裡討論車子的價格：

業務員：兩位近來可好？

筆者和妻子：很好，你呢？

業務員：很好啊，你們住哪兒？

筆者和妻子：就住這附近。

業務員：你們在哪兒高就？

筆者和妻子：我在一家小公司上班，我太太在銀行工作。

業務員：你們是這附近學校畢業的嗎？

筆者和妻子：是的。

業務員：哪一間？

筆者和妻子：波士頓。老兄，我們還得去其他兩家經銷商，所以我們言歸正傳吧，看看你能給什麼好價格？

我們兩個都是精明的協商者，都知道應該小心提供資訊，避免洩漏可能對我們不利的隻字片語。在上述對話中，我們並沒有透露自己住在高級地段，也沒說出我們都是知名學府出身的律師。如果有兩個有權有勢的律師抱怨自己買不起，或是必須看緊荷包，是不會獲得太多同情的。反之，我們透露還要再多去幾家經銷商看看，是刻意要這麼做，好拉高我們的協商優勢。

另一個例子發生在二〇〇九年。筆者和妻子正在瑪莎葡萄園島（Martha's Vineyard）度假，時值夏末，全球金融海嘯的威力未減。旅程中，筆者妻子過去二十年來一直帶在手上的手鐲掉了，那手鐲對她有重大的意義。我們走進一間她喜歡的珠寶店，想看看能否找到一只可以替代的手鐲。

珠寶店店員：近來可好啊？

筆者的妻子：我們這趟旅程很愉快，謝謝你。你呢？最近怎麼樣？

珠寶店店員：馬馬虎虎。

筆者的妻子：生意怎麼樣？

珠寶店店員：這個夏天不好過。

筆者的妻子：是啊，我懂你的意思。你們旺季什麼時候結束？

珠寶店店員：很遺憾，就到下星期。如果你看中意什麼，請告訴我一聲。

問了這些問題之後，筆者的妻子非常清楚知道，如果看中店裡任何珠寶，可以如何和店員來回殺價一番。生意不好，旺季又快結束了。她確實看中一只感覺很不錯的手鐲，標價五百美元，她有備而來。

筆者妻子：你的價格議價空間有多少？（請參考問題二十六）

珠寶店店員：我們可以打對折給你。

筆者妻子：含稅要多少？

珠寶店店員：二百六十五・六三美元。

筆者妻子：不知道耶，我們明天會去埃德加鎮（Edgartown）逛逛，那裡有許多不錯的珠寶店，如果二百元含稅你可以接受，我就買下來了。

珠寶店店員：我問問我老闆。

十分鐘後，筆者妻子手上戴著這只的手鐲走出店門，價格不到定價的四折，至今仍每天帶在手上。她以「生意怎麼樣？」起頭，與店員小小閒聊一番，就讓她打探到寶貴的資訊，得知這家珠寶店急著要在漫長寒冬到來前籌到現金。如此一來，她便可以更積極殺價。當筆者的妻子問店員旺季何時結束這類問題時，她得知了店家在擔心什麼。而當店員閒聊問起「近來可好啊？」她並沒有自顧自地透露自己正在找什麼，這麼做也增加了她自己的議價空間。

問題

最近怎麼樣？

怎麼運用

和可能協商對象進行的每一次溝通，都應該視為協商過程的一環。因此，從中蒐集與掌控資訊，就應該成為你的主要目標。問「最近怎麼樣？」及「最近生意好不好？」這類閒聊式的問題，不僅沒有半點風險，還會幫你獲取寶貴的資訊。

怎麼回應

你的協商對象很可能會拿這些問題來問你。當對方問你這類問題時，你應該小心謹慎，別揭露任何一丁點可能動搖你協商地位的資訊，甚至要能反過來運用對方問這類開放式問題的機會，回敬可以強化你協商地位的答案。例如：

買家：最近好不好？

賣家：很好啊，謝謝。唯一可以的抱怨的是，休假時間不夠多，生意很忙，我們正努力滿足市場需求。你呢？都還好嗎？

問題3 你什麼時候要敲定？

這個問題非常棒，幾乎任何協商都適合問，因為聽起來非常單純，常常可以幫你問出寶貴的資訊，而資訊可以爲協商者帶來更好的協商結果。這個問題的另一個好處是，會提醒你的協商對象，他得在某個時間內完成交易，這會令對方備感壓力。

問「你什麼時候要敲定？」的最佳時機，是在協商一開始，你所收到的回答可以幫你判斷接下來該如何進行協商。一般會收到的回答案包括以下幾種：

- 避重就輕：「我還沒想過，你呢？」這種回答表示，你面對的可能也是經驗老到的協商者，他還不打算要透露資訊，除非透露相關資訊有助於他達成目的。
- 心生防衛：「不關你的事。」這種回應能幫你找出你不會想要往來的對象。
- 誠懇直接：「我很想在這季結束前完成，也就是，明天下班前。」這種回答很有幫助，可以看出你的協商對象有時間壓力，急著想達成協議。

當然，你最希望得到的答案是誠懇而直接的回答。你會驚訝地發現，你的協商對象在回答「你什麼時候要敲定？」時，透露出許多透露眞相且寶貴的資訊。

多年來，這個問題帶給我們很好的成效。我們曾和一家大企業協商爲其訓練員工的法律層面，我們同樣在協商一開始，還沒談及價格之前，問了「你什麼時候要敲定？」這個問題。他們坦率的回答，讓我們信心十足地訂出較高價格：「根據法院指示，我們必須在九十天內完成這項訓練，可以的話，我們希望能馬上確定下來。」我們當然可以利用其他問題套出這類資訊，但是這個問題好就好在，聽起來非常單純。

看看另一個例子吧。筆者和妻子要購買一間房子，我們同意了某個價格，但買賣契約上的條款還需要協商。這些條款相當重要，我們已經來來回回討論好一會兒了，其中包含一些可能導致破局的爭議，諸如房屋檢查條款（inspection contingency）要採精確的措辭、賣方的權利要註明得多清楚、關於汙水處理系統檢查（septic system inspection）的措辭、簽約日期等，這些都是我們遲遲未能達成共識之處。我們問仲介，賣方預計多久要賣掉這房子，他回答：「賣方今天在佛羅里達州洽談新房子，所以我想大概得等到明天，才能知道他們怎麼說了。」我們從中再次獲得非常有用的資訊。賣方當下正忙著買他們的新房子，給了我們更多空間去處理這紙買賣契約，讓我們可以獲得有利的協商結果。當你問「你什麼時候要敲定？」這類聽來單純的問題，你絕對猜不到，你的協商對象會透露出什麼有用的資訊。

問題 你什麼時候要敲定？

怎麼運用

「你什麼時候要敲定？」是很好的問題，因為問這個問題的風險微乎其微，聽起來也很單純，而且往往會讓對方透露出不少的寶貴資訊，讓自己更有利。

怎麼回應

首要之務是，別洩漏任何資訊讓對方得知你可能正面臨時間壓力。理論上，你可以這樣回應這個問題：也就是反過來施壓對方，建議你的協商對象最好能快點提出好的條件，否則便將錯失良機。請參考以下例子，我們利用問這個問題的機會，讓賣家認為我們還在四處打探。如此一來，除非賣家給我們相當優惠的條件，否則是很難打動我們的。

賣家：你什麼時候要敲定？

筆者：嗯，目前有幾家廠商在競標，如果你也想參與，請在明天下班之前給我們一些資料。

又或者，你可以刻意透露自己一點兒都不急，因為你連到底需不需要買都還不確定呢。這樣的回答，對於提升你的協商地位是有幫助的，賣家得提出夠優惠的條件，才能說服你採取行動。舉例而言：

賣家：你什麼時候要敲定？

筆者：我們不急，除非條件真的夠好，否則我們很可能不會考慮。

第二類

找對的人

協商時要找到對的人談，了解這一點很重要。盡量和高階的人協商，獲得的結果會好得多。這個類別的問題是用來幫助你，找到可以給你最優惠條件的那個「對的人」。

問題4 我想解約，該找哪一位？

好的協商者應該牢記長期關係的價值。如果你是某家廠商的長期顧客，在協商時往往會有事半功倍的效果。理由顯而易見，如果你每個月都會向某家廠商購買一百美元的產品或服務，等於該廠商在未來十年，能從你身上賺到一萬二千美元。不只如此，由於廠商不需要花任何一毛行銷費用就能賺到你的錢，能從你身上賺得的獲利不可謂不大。這一切都表示，該廠商有非常大的動機，要盡其可能留住你這位顧客。

如果可以從長期往來的廠商那裡談到比較優惠的條件，好處不容小覷。以上述例子爲例（假設該廠商是一家有線電視公司），如果你每個月可以少付二〇％的費用，換算下來，一年可以省下二百四十美元，十年下來便可以省下二千四百美元。

「我想解約，該找哪一位？」是一個很好的問題，可以幫你向長期往來的廠商爭取到更大的優惠。你往來的廠商很清楚你對它們的價值，因此不會冒著失去你的風險。我們發現，即便是面對有線電視公司或電信公司，這種你連想都不曾想過會與它們協商的大型企業，這個問題的效果一樣很好。事實上，許多大企業只有在被問到這個問題時，才會考慮讓步。這類企業或許還設有專門負責「留住」顧客的員工，有權給予優惠的條件。

爲了更加強「我想解約，該找哪一位？」的效果，問這個問題時應該要非常有禮貌，幾乎是語帶抱歉的樣子。如果對方覺得你的態度彬彬有禮、不惹人厭，比較可能善意回應你。當你問這個問題時，若能反覆重申自己很喜歡該廠商的產品或服務，也是一個不錯的方式。這會讓對方覺得，只要願意給你更多優惠，你會是一位感到滿意、願意長久往來的顧客。

另一種能提高成功機率的方法，便是進一步補充解釋，爲什麼你得如此精打細算（股市崩盤、老闆全面刪減預算、遇到一些難關）。這會讓你想更換廠商的暗示更加可信。

要讓這個問題更容易成功，還有一項技巧就是，研究其他競爭對手提供的服務。協商時可以常用這種說法：「我們沒有這項服務也沒關係。」或「我們覺得你們競爭對手提供的條件比較好。」提及競爭對手提供條件的更好，往往能大幅提升你問這個問題的效果。

我們曾於不同場合成功運用這個問題，或是由這個問題變化出來的問句（諸如「我想要解約，請問該怎麼辦理？」），以下舉幾個例子說明。

二〇〇八年因爲雷曼兄弟（Lehman Brothers）垮台而引爆全球金融風暴時，我們當時已經預見未來可能發生的危機，於是亟思省錢之道。我們指派一名員工檢視公司長期往來的交易，看看能不能從中降低一些成本。我們透過這個問題獲得了豐碩的結果，讓我們公司不需要裁撤任何員工。

我們最大一筆持續性成本是信用卡手續費。如果顧客刷卡購買我們的產品或服務，信用卡公司會向我們收取一筆手續費，這筆費用爲刷卡金額的固定比例。例如，顧客花了一百美元，我們只獲得其中的九十七美元，信用卡公司從中抽去了三美元或三%。對一家營業額達數百萬美元的公司而言，信用卡手續費著實很高。例如，如果顧客每年刷卡向我們購買二百萬美元的產品或服務，又如果每筆交易可以省下一%的手續費，我們每年便可以增加二萬美元的盈餘。

於是我們致電信用卡公司，想爭取更好的條件。來來回回溝通幾次之後，他們最後只同意給我們預設條件的十分之一。我們當然不肯接受，於是便問了：「我想解約，該找哪一位？」他們的回應是，二十四小時內會有人回我們電話。隔天，果然有人打電話來，表示願意將每筆交易的手續費降低一個百分比。很顯然，打電話給我們那個人的職責是，確保信用卡公司不會失去任何顧客。這讓步比我們之前獲得的足足高了十倍，從此這個問題每年將能幫我們省下數萬美元，並於未來十年讓我們多出數十萬美元的利潤。

我們也相當成功地對其他廠商提出這個問題。事實上，在問了這個問題之後，我們還沒遇過哪家長期合作的廠商，會拒絕提供更優惠的交易條件。以下是我們和電信公司協商的過程（記住，由於更換電信公司所涉及的層面太廣，我們極不願意這麼做）：

顧客：早安，你好嗎？

客服人員甲：很好，先生。你好嗎？

顧客：馬馬虎虎，景氣不好。

客服人員甲：很遺憾聽到你這麼說，有什麼能夠為您服務的地方？

顧客：我負責幫公司省點錢，所以我打電話來問問，貴公司有沒有什麼優惠方案。

客服人員甲：喔，沒問題，我看看，如果貴公司願意再續約兩年，我們可以每個月便宜五美元。

顧客：這樣啊，不過這不是我們想要的。我知道你們的競爭對手，以比你們少三〇%的價格提供這些服務。我要換到它們公司，請問我該找哪一位解約？

客服人員甲：謝謝你告訴我們你想要解約，以及我們競爭對手提供的優惠。我現在把電話轉接到我們的顧客維繫部門，我想他們會妥善回覆您的需求。

顧客：好的，非常謝謝。

客服人員乙：曼桂威提先生，您早！我很遺憾聽到您想要解約？

顧客：是的，很遺憾，景氣不好。貴公司的服務我們很滿意，但是我看到其他電信公司提出更好的優惠，所以我打電話來看看要如何跟你們解約。你們會需要類似書面文件或的東西才能解約嗎？

客服人員乙：那麼，如果我們可以將您未來十二個月的費用，降低三五％呢？您會考慮繼續由我們為您服務嗎？

顧客：謝謝你，如果可以這樣，我們是沒有理由換到別家去。

客服人員乙：沒問題！如果您有其他問題或建議，非常歡迎隨時來電。

電信公司當然是規模非常龐大的企業，但值得注意的是，這類大型企業多半設有專責部門，負責處理威脅要解約的顧客，而且這樣的部門也都有權力給顧客重大讓步。

接下來是我們向瓶裝水公司爭取優惠的例子。有兩件事得注意：首先，我們打算讓他們相信，沒有他們的服務我們一樣可以過，他們的服務算是一種奢侈品；其次，該公司願意花相當長的時間，努力留住我們繼續成爲他們的顧客。

顧客：我想解約，請問該找哪一位？

瓶裝水公司：找我就可以了。您過去十二年來一直是我們的老顧客，問題出在哪裡呢？是我們的服務不夠周到嗎？

顧客：不，不完全是。水向來都準時到，送貨人員有時候甚至會多留一些。我打電話來的真正原因，是因為目前經濟實在不景氣，我們公司打算取消部分沒有那麼迫切需要的產品與服務，而瓶裝水算是其中一項。

瓶裝水公司：很遺憾聽到您這麼說。如果我可以給您一些優惠，貴公司會考慮繼續使用嗎？

顧客：你能給我們什麼優惠？

瓶裝水公司：我可以給您高用量的折扣，雖然您實際上並沒有達到那個量。

顧客：降幅有多大呢？

瓶裝水公司：在用量或服務不減的情況下，我們將您原本每個月五百美元的費用，降到每個月三百美元。

顧客：你們為什麼以前不給我們這種價格呢？我們喝你們的水都已經十二年了？

瓶裝水公司：這是為了公平起見。您的用量並不符合我們的折扣條件，再者，您過去並沒有問過我們。

顧客：每個月降到三百美元聽起來挺不錯，不過，能不能再加碼給點什麼好處？

瓶裝水公司：再外加兩個月免費，請問這樣您會滿意嗎？

顧客：我開始心動了，四個月免費我就繼續使用。

瓶裝水公司：好，我就給您四個月免費的產品。希望您能繼續享用我們的產品。

問題

我想解約，該找哪一位？

怎麼運用

千萬不要低估和長期配合的廠商協商，所能發揮的效果，對他們而言，你絕對是極為寶貴的顧客。「我想解約，該找哪一位？」是爭取更多優惠的一把簡單鑰匙，可以幫忙你省下一筆極大的長期開銷。

怎麼回應

做生意的你，通常不會想要失去任何一位顧客。我們不想接到顧客打電話來說，要終止與我們的關係，為了避免接到這類電話，我們會盡最大努力提供顧客優越的價值，打消他們解約的念頭。

當接獲顧客打算解約的電話時，我們的回應是先了解他們為什麼要解約。如果是我們可以解決的問題，或純粹只是誤會（這種事常發生），我們會設法彌補。

把顧客的來電，當成一個可以找出問題並彌補的機會，這是一個不錯的方法。因此，我們會這麼回答：「問題出在哪裡呢？我們可以如何補救呢？」如果問題是出在我們身上，而顧客提議的解決方案又合情合理時，我們便會補救，並與這名顧客建立更加穩固的關係。

如果顧客真的不滿意我們的服務，我們不會爭辯，會幫他們解約，也會將他們應得的餘款退還給他們。我們絕不會和他們協商或降低自己的價格。這麼做相當危險，一旦傳出去，你將無法應付其他顧客接踵而來的要求。

問題5　你有沒有充分授權可以作決定？

協商的目的是爲了讓對方讓步，並爭取更好的優惠。和一位沒有獲得授權、沒辦法對你做出讓步的人協商，無疑是賠本生意，因爲你不能從他身上爭取到什麼，只會浪費自己的時間。問「你有沒有充分授權可以作決定？」這個問題可以幫助自己快速了解，協商對象握有多少授權。這個問題的弦外之音很簡單：唯當你擁有充分的授權，我們才能完成這筆交易。我們必須再協商，我無法接受檯面上這些條件。當你們願意進一步退讓時，我才準備簽約。

想成爲一位優秀的協商者，必須熟悉「涓滴虧損」（trickle down loss）這個觀念。這是什麼意思呢，請看看以下的解釋。假設你協商要購買某些東西，你面對的是一名上頭有業務主任的業務員，而業務主任上頭還有業務副總。這位業務副總很清楚，公司銷售這個產品的底線是一百美元。他把這項訊息傳達給業務主任，業務主任爲求在老闆面前有好的表現，於是告訴這名業務員，售價不得低於一百一十美元。當然，業務員也想在業務主任面前有好的表現，於是自行決定，這項產品的售價不得低於一百二十美元。這便是「涓滴虧損」觀念的精髓，授權鏈中的每個人都想討好自己的老闆，授權鏈中的每個人都會讓你損失一些成本。

和一位沒有充分授權、無法做出退讓的人協商，也可能會大大拖延整個協商過程。因爲每一步退讓都得層層向上請示，得到上級主管的批准。你的協商對象愈是經常要打電話，請示上級主管能否讓步，協商的時間便會拖得愈長，而獲得重大退讓的機率則愈渺茫。

要記住，面對沒有充分授權、無法做出讓步的人，就像逆向走在單行道上一樣。對方不僅不會給你些什麼，還會反過來會要求你退讓。這種不利於己的協商便如同賠本生意，只要你能確保自己是和擁有充分授權的人打交道，就可以避開這類協商。

了解你的協商對象到底擁有多少授權，要愈早愈好，這一點極其重要。因此，「你有沒有充分授權可以作決定？」這個問題最好能在協商一開始就提出來，如果你收到的回答是肯定的，便可以開始展開協商。反之，如果你收到的回答是否定的，則應該客氣地要求，要和擁有充分授權的人協商。

要找到擁有充分授權的人還有另一種方式，就是問：「貴組織的決策者是哪一位？」如果你得到的答案正是和你協商的那一位，你便可以開始協商。如果答案顯示，擁有充分授權的人是另有其人，你應該客氣但堅決地，要求和決策者對談。

我們在商業往來時，經常會運用到這項技巧。我們發現，當面對組織裡擁有最大授權的那個人時，獲得的優惠條件便會好很多（而且快很多）。為了善用這個觀念，我們偏好和中小型組織協商，因為我們比較容易主事者對主事者（principal to principal）直接達成協議。舉例而言，我們會刻意在非連鎖旅館舉辦課程與研討會，這類旅館能讓我們主事者對主事者協商，爭取到極為優惠的條件。我們在幾年前，開始和位於佛羅里達州的一間家族旅館建立關係，以下是整個協商過程：

筆者：我們今天剛從麻州的鱈魚岬（Cape Cod）來到佛羅里達，想談談貴旅館提議的合約。之前提過，我們有三方面的考量。

經理：那是我們的標準合約，我無法做任何變更。

筆者：你是否獲得授權，能和我們作談定條件？

經理：我已經告訴過你了，那是標準合約。

筆者：我們選中這間旅館，並且千里迢迢從一千二百哩遠的地方跑來，原因之一就是這間旅館和我們公司一樣，都是家族經營的事業。你可以請你們老闆過來一趟，和我們談談嗎？

經理：我通常不會想打擾他，他身體不是很好，我看看打電話能不能找得到他。

——

業主：有什麼問題呢？

筆者：我們是一間家族企業，就像您這間旅館一樣。我們營業已經有二十九個年頭了，而據我所知，您的家族經營這間旅館也有四十五年了，恭喜。我們打算在貴旅館舉辦佛羅里達年度研討會，但是雙方似乎有一些爭議。

業主：是什麼樣的爭議？

筆者：我們對您標準合約裡的這三項條款有些歧見……

業主（對經理）：他們的信用評等及過去的背景如何？

經理：他們的信用評等是A1，您可以看到，幾近完美。但是，他們說的那些條款，都是標準條款……

業主（對經理）：刪掉那三條。還有，端出一些大鱸魚，好好款待這幾位遠從鱈魚岬來的貴賓。

這個例子的結果頗具代表性。和組織的決策者協商，可以獲得的進展通常會大得多。低階人員必須遵守規定與程序，他們非常害怕因為讓步太多，在老闆面前表現不好。想要有最佳機會爭取到重大讓步，你應該花點時間找到擁有充分授權的那個人，如果可能的話，直接和業主談。協商一開始便問「你有沒有充分授權可以作決定？」是找到有充分授權者的簡單方法。

問題　你有沒有充分授權可以作決定？

怎麼運用

判斷協商對象握有多少授權，對你能否獲得想要的結果至為重要。和擁有愈少授權的人協商，愈無法爭取到具吸引力的條款，協商時間也會拖得愈久。「你有沒有充分授權可以作決定？」既簡單、又有效，可以了解你的協商對象是否擁有充分授權。當你面對的並非理想的協商對象時，就客氣但堅決地請求，要和擁有充分授權的人對談。

怎麼回應

被問到這個問題時，不要只簡短回答「有」或「沒有」，回答「有」會令你自己缺乏迴旋空間，回答「沒有」又會使對方要求要和有充分授權的人談。回答這個問題時，我們建議，可以反駁這個問題的大前提，也就是這裡誰擁有充分的授權。例如：「這裡沒有人有完全的授權，每件事都需要經過所有合夥人的同意。」或是：「任何一件事，我都得問過另一半才能做出最後決定。」

問題6 能不能和你主管談談？

在針對你的要求進行協商時，常常會遇到阻礙。這裡所謂的阻礙，通常是指低階的第一線員工，他們總是會說自己無法做到你提出的要求。如果你遇到這類阻礙，有一個好方法可以繞過它，那就是坦率地問：「能不能和你主管談談？」

遇到僵局時，問這個問題非常有效，可以爭取到你想要的結果，其關鍵在於，能讓你和有權滿足你需求的人接觸。和一個無權答應你需求的人協商，是徒勞無益的。一旦發覺對方位階不高，也無法幫助你，便應該盡快問：「能不能和你主管談談？」

問「能不能和你主管談談？」的好處之一是，風險非常低。你問這個問題的對象，幾乎都會回答：「可以。」這主要是因爲，這是他們平常接受的訓練，而且坦白說，他們會很高興能把自己無法處理的顧客交給別人。最糟的回應，頂多就是對方拒絕你，因此問這個問題的風險幾乎是零。

一旦主管出面，就要極力爭取你要的條件。你的說法愈具說服力，便愈有機會獲得你想要的。過去幾年，我們曾多次有效運用這個問題。以下舉幾個例子。

幾年前，筆者和妻子買了一間新房子。我們是做事相當有條不紊的人，在簽署買賣契約並訂出交屋日期之後，我們開始安排一切，做萬全的準備。我們一開始打了幾通電話，其中之一是打給電信公司，接電話的是一位非常友善的客服人員，他幫我們挑了一組好記的號碼，並安排在交屋日期之後開始通話。期間，我們將新的聯絡方式和電話號碼昭告所有親朋好友。更重要的是，我們得聯繫我們所有的信用卡公司、往來銀行、紅利積點計畫等，以便更新聯絡資訊。這個過程相當花時間，整整花去我們六、七個小時之久。

我們如期交屋，隔天電信公司也準時出現。施工人員非常友善，他花了三、四個小時將電話線裝好。在他離開之前，我試著用這支電話撥打自己的行動電話，卻困惑地看到手機螢幕顯示的號碼，並非我們預留的號碼。我告訴施工人員，他幫我裝的號碼是錯誤的，並讓他知道這件事對我們很重要。施工人員說他沒辦法，這是公司告訴他要裝在我新家的號碼。不用說也知道，我很不高興，更新聯絡方式已經花掉我六、七個小時了，我可不想再花六、七個小時再通知大家一次。

我要求和施工人員的主管說話，他把電話號碼給我。接電話的女士也說她沒辦法，還說除非是安裝當天，否則連他們都無法保證會是什麼號碼。我則解釋，從頭到尾沒有人告訴我有這種事，我已經花不少時間通知所有人了，現在還得重新通知一遍。我受夠了，於是問她：「能不能和你主管談談？」她很高興能擺脫我，把我交給她主管。我向對方主管解釋我遇到的問題，終於得到可以接受的回答了：「我盡量幫您處理。」兩天後，我們爭取到電信公司當初說好要給我們的號碼。如果我們沒有要求和主管對話，便無法得到我們想要的號碼。

另一位筆者在多年前，也曾和航空公司有過類似的經驗。我在整整六個月之前，就已經打電話要求，要以會員點數兌換某班機的機位，但是航空公司告訴我，該班機已經沒有預留給會員的座位了。這顯然是不實之言，因爲該班機才剛開始接受訂位，怎麼可能一下子都賣光，沒有保留任何給會員的座位，除非整個會員方案根本是一場騙局？我無法對第一位面對的航空公司員工提出要求，於是我問：「能不能和你主管談談？」主管出現了，我在短短五分鐘內便得到我要的機票。

還有一個故事。就在不久前，筆者和另一半前往本地餐廳享用早餐，打算使用我生日收到的禮券。廚房的動作慢得不像話（炒蛋超過一個小時還沒上來），不過餐點令人滿意，女服務生也很友善。消費金額是二十一美元，我們將價值四十美元的禮券交給服務生，她找給我們一張價值十九美元的禮券。因此我們問：「我們不能用禮券付小費嗎？」這是極爲合理的要求，我們還未曾遇過哪家餐廳不接受的。那名女侍表示，這是她第二天上班，據她所知，這麼做是不可以的。我們馬上問她：「我們可以和老闆談談嗎？」我們後來找到對的人解釋我們遇到的問題，老闆也同意我們用禮券付小費。

問題

能不能和你主管談談？

怎麼運用

面對無法做到你要求的人，任何協商都是徒勞無功。在爭取你要的東西卻遇到阻礙時，如果能找到位階較高的人談，通常比較可能如願。「能不能和你主管談談？」是直接、簡單而且零風險的方式，能讓你找到一位可以對你說「沒問題」的人。面對電信公司、航空公司及金融機構等，看似不具彈性的大型組織，這個問題尤其有效。

怎麼回應

如果你上頭還有主管，回應這類問題最好的方法是說：「當然，沒問題！」拒絕只會令你的協商對象更不高興。由於你無法給對方他想要的，繼續和他們週旋既不明智又浪費時間。

在過去的工作經驗中，如果有人這麼問，我們會立即安排對方和執行長或公司老闆談。如此回應不僅顯示我們內心坦蕩，也展現我們非常認真看待不滿意的顧客。

第三類 先發制人

正所謂「好的開始，是成功的一半。」如果協商能有好的開始，往往可以獲得較理想的結果。好的開始可以為協商定調，為你建立協商優勢，並界定哪些事項會開放討論、哪些不會。第三類的問題，是用於協商的一開始。

問題7 能不能在開會前寄封電子郵件給我？

協商要成功，和你在協商過程中擁有多少優勢，有非常大的關係。取得優勢的方法之一是透過資訊，而有效蒐集資訊的方法，便是直接要求對方提供。「能不能請你在開會前寄封電子郵件，說明討論事項、目標、考量，我好事先準備？」這個問題的目的，是幫你在不造成傷害的前提下，有效蒐集到有用資訊，以在協商過程中善加利用、取得優勢。

這個問題相當有效，因爲這往往會讓你的協商對象透露寶貴的關鍵資訊、資料與疏漏，包括：

- 對方的目標與考量，從中可以看出一些蛛絲馬跡，了解對方最重視什麼。
- 重要的事實，能夠用以成爲優勢。
- 協商對象覺得重要、必得解決的事項。
- 你原本覺得重要、對方卻未列入的事項。

如果你對於對方的情況有一些掌握，而對方也期盼能與你往來，那麼這個問題將能發揮最大的作用。當有人找上我們、想和我們談生意（往往是要談合夥事業或建立某種合作關係），我們通常會順勢提出：「能不能請你在開會前寄封電子郵件，說明討論事項、目標、考量，我好事先準備？」經營三十年來，我們每年都會遇到幾次有人希望和我們見個面談談，通常是來自較不成熟的企業、新創企業，或是希望藉我們之力讓事業更上層樓的個人。他們這麼做，往往是希望透過某種方式和我們的顧客接觸、運用我們的聲譽，或是想請我們錄取他們，或購買他們的產品。

和其他人開會討論潛在的合作機會，常常很快便會進入協商階段，也可能會是進入正式協商的序曲。不論如何，盡可能從對方身上多蒐集到一些資訊是非常重要的。問「能不能請你在開會前寄封電子郵件，說明討論事項、目標、考量，我好事先準備？」的另一項好處是，如果對方拒絕寄這種電子郵件，或者是郵件中提出的提案你不感興趣，那麼你大可以在開會前便取消，替自己省下寶貴的時間。

「能不能請你在開會前寄封電子郵件，說明討論事項、目標、考量，我好事先準備？」的弦外之音很簡單：幫助我、也幫助你自己。這個問題好就好在，基本上非常合情合理，換言之，「如果不知道你的目標與問題是什麼，要我如何做好萬全準備？」請尋求潛在合作機會的對象寫一封電子郵件，向來能讓我們收到很好的效果，原因如下：

■這個問題很合理，而且看來最符合對方的利益。「我好事先準備」這句話暗示，你不僅認眞看待這件事，而且有和對方往來的意願。對方會希望你做好準備，開會時也能將重點放在他們身上。他們應該也會想要令你印象深刻。

■你只是希望對方寄一封電子郵件而已，不是什麼正式的合約或提案。人在撰寫電子郵件時，往往不會太正式，而且在草擬電子郵件時，一般也不需要像草擬合約或提案那般謹愼小心。此外，許多人回覆電子郵件總是匆匆忙忙的，例如是在行進間或利用忙碌的空檔，匆忙透過智慧手機回覆。因此，你開會的對象比較可能透露對你有用的資訊，這些資訊反而可能是你無法從正式提案裡看到的。

■對方心裡清楚，如果連寄封電子郵件這種無害的請求都無法配合，不僅可能得罪你，也可能導致和你約好的會議開不成。

■對方可能認爲，他們架構出會議的問題與目的，或許對他們自己比較有利，因爲他們可以讓對話朝對自己有利的方向發展，這樣比較容易獲得他們想要的結果。

當我們和某位我們確實想要和他往來的人進行協商，或是進入正式協商階段時，我們也會問「能不能請你在開會前寄封電子郵件，說明討論事項、目標、考量，我好事先準備？」以便完全掌握和看清其中的相關問題。在這種情況下，問這個問題是爲了蒐集資訊，而目的當然是善加利用這些資訊，並轉化爲我們的優勢。

看看幾個我們有效運用這個問題的例子。第一個例子是最常見的情況，通常是某家新創事業、個人或較不成熟的企業，希望安排時間和我們見面談談，因爲對方覺得「我們應該合作。」我們很歡迎這樣的接觸，但是向來會問「能不能請你在開會前寄封電子郵件，說明討論事項、目標、考量，我好事先準備？」而我們最常收到的回覆如下：

史提芬、吉姆你們好，

很高興能為兩位做說明。我們有一些很棒的產品，而貴公司有卓越的聲譽、忠實的顧客群，以及高流量的網站和商店。我想與你們討論的是，如果能同意我運用貴公司的電子郵件名單，並讓我們的產品刊登在貴公司的網站上，應該能為貴公司帶來相當利潤。非常期盼能與兩位碰面。

順祝商祺

查理

基於隱私等考量，我們從不曾允許任何人使用我們的顧客名單。而因爲其他商業考量，例如會稀釋我們自己高利潤產品的銷售等，我們也不會在自己的網站上販售其他公司的產品。因此，我們和查理其實沒有什麼可談的。我們於是如此回覆：

查理您好：

謝謝你的來信。然基於隱私考量及公司政策，你的提議並不可行，因此我們不得不取消原訂的會議。衷心期盼你事業推展順利。

敬頌崇祺

史蒂夫、吉姆

問「能不能請你在開會前寄封電子郵件，說明討論事項、目標、考量，我好事先準備？」這個簡單的問題，可以快速又不至於失禮地了解對方的想法，幫我們省下和他們開會的時間。

以下舉另一個例子。在這個例子裡，問這個問題幫我們爭取到一筆大生意。幾年前，一位權高位重、剛自鱈魚岬（我們公司所在的地方）退休的律師，主動寄履歷與求職信給我們。我們就叫這名律師羅柏，他概略介紹自己的資歷，並希望我們能安排時間討論彼此合作的事宜。

我們認爲，擁有優秀人才是商場上決定勝敗的關鍵要素。從我們收到的履歷與求職信來看，羅柏顯然是可以幫我們帶來財富的人才。位在鱈魚岬這個地方，我們通常不會有機會接觸像波士頓這類大城市擁有的人才。

當然，這類人才要求的薪資是一大問題。我們推測，羅柏要求的薪資可能不低。不過協商過程中最大的錯誤之一，便是假設自己知道對方要什麼。因此，我們同意和羅柏一起吃個午飯聊聊，但也沒忘了問他：「能不能請你在開會前寄封電子郵件，說明討論事項、目標、考量，我好事先準備？」

我們得到的回覆如下：

> 史蒂夫與吉姆你們好：
>
> 感謝兩位同意見面。我研究過貴公司的網頁，你們所做的一切非常吸引人，也令人印象深刻。
>
> 退休六個月後，我開始感到心煩意亂，希望一個星期能有幾天的時間到屋外走走，讓大腦活動活動，做點什麼不一樣的事。我想，像我這種背景與經驗的人，或許對你們能有些用處，因此想討論看看我們彼此可以如何合作。
>
> 期盼下星期五午餐時間與兩位會晤。
>
> 羅柏

我們非常喜歡羅柏的回覆，因爲他字裡行間透露出，錢不是他的主要考量，而且他要的不是一份全職工作。因此，他要求的薪資是我們可能會付得起。我們和他進行了一場餐敘，也眞的用約聘的方式，以不太高的薪資聘請到羅柏。羅柏成功且極具成本效益地，完成了一項唯有他才能勝任的專案。請對方寄一封電子郵件，讓我們了解他不是那麼看重錢，也讓我們可以達成互利的協議。

在以下的另一個例子中，我們將這個問題運用於一場進行中的協商。幾年前，我們擔任一個醫療協會的協商顧問，幫該協會和出版社談一份新的期刊合約。過程非常複雜且耗時，其中的枝枝節節就不在此贅述了。在和出版社開始進行一連串會議之前，我們問「能不能請你在開會前寄封電子郵件，說明討論事項、目標、考量，我好事先準備？」我們收到以下的回應，大大提升了我們的優勢：

我們有以下幾項問題：

1. 我們希望從你們提供的獲利預估中，判斷其中會產生的費用。具體而言，請問以下哪些項目是你們計算在內的：紙、印刷、裝訂、郵資、編輯、行政管理、製作、訂單履行、銷售與行銷及一般行政支出（法務、會計、管理與經常費用）？
2. 你們在整體營收計算了哪些項目？以下項目是否全都計算在內：所有訂閱、贊助訂閱、電子搜尋與資料庫、轉載（商業轉載及作者轉載）、過期期刊、圖片授權、計次收費、版權許可，以及將部分文章結集成冊出版？

3. 你覺得以下哪些項目，可以幫助我們合理提升營收：文章轉載、分類廣告、期刊增刊、病患教育佈告欄、特定廣告版面及特賣？

至於目標，我們已經投入三個月的時間在這個專案上了，因此，我們的目標很簡單，就是希望能在未來兩週內定案。

我們如實回答上述第一、二項問題，第三項問題則採取對我們客戶有利的方式回答。眞正有價值的資訊顯然是最後一段，最後一段透露出該出版社投入這項交易有多深，可說是不顧一切。此外，這也透露出該出版社可能內部正面臨最後期限的壓力。收到這封電子郵件後，我們打定主意對我們提出的需求，不容稍有妥協的餘地。結果我們百分之百正確解讀他們面臨的情勢，因而爲我們客戶爭取到一筆利潤極爲豐厚的交易。

問題　能不能在開會前寄封電子郵件給我？

怎麼運用

知識就是力量，在協商中更是如此。問「能不能請你在開會前寄封電子郵件，說明討論事項、目標、考量，我好事先準備？」可以提升你的優勢，因為此舉可以為你帶來寶貴的資訊，並幫你了解協商對象腦袋裡在想什麼。當有人和你接觸、想和你做生意時，最常會運用到這個問題，另外也可以運用於正式協商之前的一連串持續磋商。這個問題的另一項好處是，可以幫你過濾掉一些不值得你花時間親自會面的人。

怎麼回應

如果你希望能和對方合作，應該極力避免不當回應，以免導致他們取消會議。如之前看到的例子，明確回答可能會被對方拿來用在對你不利的地方，因此通常最好模稜兩可地回答。例如：「我想知道我們是否有任何方式可以帶來潛在綜效，讓彼此能夠雙贏。」這類模糊的回答或許便已足夠。但是如果對方要求進一步具體說明，你可能得提供細節，才不至於讓對方取消會議。例如你可以說：「在不增加貴公司額外成本的情況下，我們有其他三種銷售貴公司書籍的方式，能不能見個面好讓我詳細說明？」從另一個角度來看，如果你猜想對方應該願意和你談，回應這個問題的好方法是，試著把問題丟回去給對方。例如：「這真是個好主意，我很樂意這麼做。如果可以，請寄一封電子郵件給我，說明你想討論的事項、目的、考量。我會逐一回答，並把任何我覺得可能會有幫助的事項列上去。」這時的目的是要反過來利用這個問題，套住提出問題的對方。要注意的是，上述回應實例的表達方式，得要讓對方感覺到你是努力想要幫助他。

問題8 我先擬好議程寄給你，好嗎？

筆者從商場上最早學到幾件事情之一是，想要對開會結果發揮壓倒性的影響力（這一點眞的就是要靠協商），最好能設法掌控議程。我們很早便清楚知道，訂定議程並加以掌控，對於促進協商達成結論、避免浪費寶貴時間，有很大的幫助。

爲協商訂定議程是相當有幫助的。想讓你的協商對象同意由你訂定的議程，問「我先擬好議程寄給你，好嗎？」是一種簡單、無害的方法。這個問題看起來非常合理，因爲是你要負責的額外工作。訂定並掌控議程很重要，原因如下：

- 議程會主導會議該討論哪些問題，更重要的是，討論這些問題的優先順序。
- 妥善擬定的議程可以降低衝突，促進各方達成一致的看法。因此，我們建議在會議一開始，要安排討論能令對方卸下心防的項目（諸如奉承對方），讓你與團隊處於有利的氛圍之下。議程安排從難度較低、較不具爭議的項目（諸如已有共同目標與共識的項目）開始，也不失爲一個好辦法。這些安排在前的項目若能獲得成功，將有助於彼此建立融洽的關係、互動，以及對成功的期盼。

■ 由於議程是由你訂定，你可以著重於自己最清楚、準備最充分的有利面向。

■ 透過議程，以明示或暗示的方法，訂出一個或一連串的期限。有了期限，協商才會有進展。協商各方在面對期限時，退讓的空間通常會增加，而一份議程通常都不會只有一個期限。

■ 將對方注重的事項納入（或部分納入），能展現你的公平、不偏頗，你的協商對象對此會心存感謝。

■ 議程中預留空間，討論對方可能會感興趣的問題，能展現你的彈性，也應該會增加對方和你往來的意願。

當你想要將協商推進到最終的結論時，便是最適合運用「我先擬好議程寄給你，好嗎？」這個問題的場合。無止無盡的協商與開會，可能會耗費難以計算的時間與金錢，訂定議程是爲了讓協商可以獲得結論，當然，結論也可能匯市你無法獲得對自己有利的協議。不過在許多情況下，這沒有關係。你會想要盡快知道結果如何，以便可以繼續前進，避免浪費寶貴的時間在無意義的協商會議。

記住，擬定議程要謹慎。不要將可能降低自己協商優勢的資訊納入議程，例如：「第四點，要趕快結案。」此外，避免分散注意力、陷於瑣事及可避免的紛爭，也是相當重要的。議程中如果包含太多項目、次要問題及不大可能解決的爭議，可能會導致協商遲遲無法獲得結論或僵持不下。

如果對方缺乏經驗、懶惰、忙碌或精神不集中，「我先擬好議程寄給你，好嗎？」更容易奏效。不用說，問這個問題的最佳時機，就是在會議剛開始不久。

在舉例之前，我們再強調最後一點：要記住，並非所有協商都和買賣有關。在委員會和團隊之中，當需要成員彼此合作，對某項行動達成共識時，事實上也是一種協商。配偶之間隨時都在協商，立法者彼此之間也是如此。如果是這類不涉及買賣的協商，「我先擬好議程寄給你，好嗎？」是很好用的問題。同時要記住，不直接涉及買賣，並不代表協商本身不會衍生龐大的潛在財務利益。

我們看看幾個例子。多年前，我們和公司所有高階主管開了一場主管高峰會議，要規畫未來兩年的業務、行銷及產品開發事宜。這些顯然是極其重要的決定。

公司其中一位主管負責訂定議程。會議進行了兩、三個小時，卻沒有討論出什麼具體的結論。訂定議程的那位主管提出一份不甚清楚的試算表，說明如果我們可以在不增加費用的情況下大幅提升銷售，便可以讓獲利驟增。這份議程有一些問題，當時我們的生意正處於艱困時期，現金不僅短缺，還不斷流出。此外，預測數字儘管在技術上沒有問題，卻極其不切實際，缺乏事實依據。

當我們討論到主管薪資的議題時，局面更加不可收拾。訂定議程的那位主管其實希望能夠加薪，他要求加薪的部分理由包括，他讓這場會議進行得多順利，以及他多麼努力訂定這份議程等！提這件事令人相當不悅，因爲公司的現金正在不斷流失，而且還是在討論如何規畫銷售、行銷及產品開發等重大議題的會議上，更是不恰當。當主管薪資這項沒必要、且令人不愉快的議題提出來之後，會議徹底失敗。那位主管開始責怪在場每個人讓公司經營不順，會議隨即陷入一片交相指責與憤恨不平。

我們沒有達成任何決議，討論不斷偏離主題，根本無法規畫出公司究竟要朝什麼方向前進。會議偏離主題導致我們損失大量資金，讓公司的情況更加雪上加霜。我們事後從這個經驗學到非常寶貴的教訓：想要達成共識或結論，就要掌控議程，而且要非常、非常謹慎地，避開那些沒必要又令人不愉快的議題。如今，每當我們要舉行必須作重要決策的內部會議，筆者都會親自擬定議程。

以下舉另一個例子。多年前，我們和一群醫師等專業人士齊聚一堂，想針對特定的醫師專長建立新的認證委員會。每位參與協商的人（包括我們），都有各自的考量與期望，彼此之間存在潛在的利益衝突（我們當然也不例外，我們希望爭取到認證前提供醫生訓練的這塊商機），因爲衍生的訓練費用、薪資、出版、顧問費用等商機（涵蓋項目視最後討論結果而定），看起來相當龐大。我們決定透過視訊會議討論，但沒人提供議程、也沒達成任何共識。事實上，在長達三小時的視訊會議裡，有九十分鐘是在規畫下次視訊會議。我們參與了好幾次這樣沒有結果的視訊會議。

我們要經營公司，無法如此浪費時間。因此，我們主動要求召開一場面對面會議，並問「我們會擬好議程寄給你，好嗎？」爲了讓這項提議更具吸引力，我們建議將會議挪到熱門的度假勝地舉辦。我們面對的那些醫生完全同意上述幾點提議。

我們擬定的議程極爲緊湊，以小時爲單位。議程的順序，先從一些比較容易讓大家就簡單原則取得共識的項目開始。我們煞費苦心地，避開一些沒必要納入、且可能分散注意或導致紛爭的問題。這份議程明確訂定每小時要討論哪些事項，還爲我們要討論的問題定下幾個短的期限。一旦進度討論落後，便會有人相當正確地指出我們目前處於議程的哪個時間點，提醒大家要加緊腳步。有時間壓力便會有妥協，沒有任何人質疑這份議程、其中所列的問題、順序，或是討論各項問題所花的時間。我們用短短的一頁議程便掌控了整場協商，而這議程不過才花我們三十分鐘擬定、寄發。

和我們先前透過視訊電話、卻沒有任何結論的會議相比，後者的結果令人吃驚。在爲期一天的會議裡，我們解決了所有待解決的主要問題。委員會成立了，也一直運作至今。它訓練了數千名醫師，並授予證書，相關經濟活動達數百萬美元，更重要的是，它協助提升該領域的執業水平。我們公司因爲獲聘提供訓練而大大獲益，參與會議的各方，也都因此獲得財務及專業上的收穫。如果沒有問「我們會擬好議程寄給你，好嗎？」我們實在無從想像，這個委員會何時才會開始運作。

問題 我先擬好議程寄給你，好嗎？

怎麼運用

負責擬定、寄發議程，有助於你掌控問題、時機、互動狀況，並讓自己更有機會獲得理想中的協商結果。問「我先擬好議程寄給你，好嗎？」是一種既簡單、又低調的方法，可以掌握議程的主導權。訂定議程時，應該讓簡單的議題打頭陣，以便建立協商各方的信心與和諧。沒必要且具爭議的問題，應該避免列入。此外，你可以考慮將議程分為幾個明確的時段，每個時段都要有各自的時間限制及必須完成討論的事項，以便讓會議發揮最大的效果。

怎麼回應

如何回應這類問題，要看你的目標是什麼。如果你希望由對方準備議程，那麼你便簡單回答：「好的，那會很有幫助，謝謝你！」反之，如果你希望主導議程，就可以用不同方式回應對方，以便抓住自己擬定議程的機會。例如你可以說：「我已經開始著手擬定了，我會盡快完成，然後寄給你。」或「我可以幫你訂定議程，完成後會立刻寄給你。」

問題9 能不能碰個面，當面聊聊？

因爲差旅會耗費時間與費用，大家愈來愈不喜歡面對面協商，如今我們許多協商都是透過電話或電子郵件進行的。這麼做或許比較方便，但是透過電話或電子郵件取得的結果，往往無法盡如預期。理由很簡單：電話及電子郵件協商容易導致誤解，因爲你無法看見對方臉部的表情，也無法正確判斷對方的語氣。更重要的是，我們很難透過電話及電子郵件，和協商對象建立起穩固的人際關係。

直率地問協商對象願不願意見個面，將有助於你獲得正面的協商結果。如果你的協商對象同意碰面，從我們的經驗來說，面對面協商所能獲得的效益會大很多。面對面協商的好處包括：

■ 有時間了解對方，包括對方喜歡什麼、不喜歡什麼，對方的興趣、需求及期望等（例如，什麼事情能打動對方）。

■ 面對面能更有效和你的協商對象建立關係。

■ 能夠看到對方的臉部表情極其重要。例如，對方是否不自覺地點頭表示同意，或搖頭表示不以爲然？

■ 你的協商對象是否因爲趕時間而頻頻看錶，還是他冷靜、輕鬆，看起來一點兒也沒有時間壓力？

■ 善於察言觀色的協商者，可以透過肢體語言了解對方眞正的想法。例如，對方是否嘴裡這麼說，肢體語言實際上卻透露出截然不同的訊息？

■ 對方爲協商準備的檔案有多大？是大如手風琴般的檔案，還是只是區區十幾、二十頁文件的小檔案夾？檔案大顯示對方全力投入，要和你達成協議，不會輕易讓它溜走。

■ 從對方如何、何時記筆記，可以了解他眞正的想法。談到特定問題時，對方是否突然拿起筆來？

當被問及「能不能碰個面，當面聊聊？」時，對方的腦中會閃過以下幾點想法：

■ 這場協商對我是否重要到需要親自碰面？

■ 我應該請他來我辦公室，還是到他的辦公室？或乾脆選在一個中立的地方？

■ 我們要談多久？一、兩個小時夠嗎？或者需要一整天、甚至更長時間？

■ 面對面對於推動協商進度的幫助，是否大到足以彌補面對面開會所耗去的時間與費用？

■ 如果我婉拒碰面，對方會怎麼看待？是否可能危及這場協商？

以下舉出幾個我們的親身經歷，在這些例子裡，我們因爲問這個簡單的問題，徹底改變了原本沒什麼進展的協商。

多年前，我們聯繫一家有結盟關係的公司。我們寄了一封信問他們，是否願意轉售我們公司出版的書籍給他們的客戶，營收對分。這是相當合理的提議，因爲對方無須負擔任何成本，卻可以爲自己及我們帶來重大利潤。

我們得到的回應是：抱歉，我們沒有興趣。

後續幾個月，筆者打了幾通電話，試著說明這項提案的好處。該公司斷然拒絕這項提案。

在遭到幾次回絕之後，筆者打電話問：「能不能碰個面，當面聊聊？」對方勉強同意，但是希望我們能飛五百哩遠，到他們辦公室見面。

我們在一家挺不錯的鄉村俱樂部見到我們聯繫的那位女士，並且共進午餐。席間，我們聊我們的小孩、也聊她的小孩，聊我們的狗、也聊她的狗，我們聊爲人父母的艱辛、大學學費、當祖父母是什麼樣子，也聊我們共同造訪過的地方。那頓午餐「會議」超過兩小時之久，期間，對方順帶提及一本絕版的童書《鈕扣國》（The Land of Lost Buttons，作者爲西卷茅子），她想要找來送她孫子當生日禮物。我們聊了許多其他事情，這頓午餐相當愉快。

當我們回到辦公室，大家問起：「你們談妥了嗎？」我們告訴合夥人，我們從頭到尾都沒有和那位女士談到任何有關生意的事時，他們完全無法置信。

「你們是說，你們花了一整天，外加六百元的差旅費，卻沒有切入正題。眞是令人難以相信！」他們說。

我們告訴合夥人，如果他們想要這筆生意，只要做一件事，就是把那本絕版了三十年的童書《鈕扣國》找出來！

我們找到那本書，寄給那位一起共進午餐的女士，並附上一封信，信上寫著：「我們經常面對困難，化不可能爲可能，只不過需要多加把勁。」幾天後，我們接到對方感激涕零的電話告訴我們，這眞是有生以來別人爲她做過最棒的一件事。過沒多久，我們又接到第二通電話，表示那位女士幫我們極力向她公司爭取，公司立即開始轉售我們的書籍。這個合作關係一直持續至今，並爲雙方公司帶來豐厚的利潤。

另一個更近期的例子是，我們開始擔心一家合作多年的廠商。我們不久前剛拓展了公司的業務範疇，該廠商負責幫我們設計客製化的網站。我們請該廠商幫我們重新製作官網及電子商務平台，這是一項極爲重要的任務。可惜專案進度嚴重落後，更糟的是，該廠商負責與我們聯繫的新聯絡人不回電話，原因是他除了個人問題，還得處理其他工作。我們既沮喪又生氣，實在無法忍受這樣的服務水準。

總而言之，我們的關係瀕臨臨界點，解約是我們的選項之一。然而，這麼做卻會讓新網站推出的時間再往後延，後果頗爲嚴重。但從另一方面來說，我們無法繼續忍受這種糟糕的客服。我們意識到，要讓對方充分理解我們的感受，電子郵件或電話都是非常不適合的媒介。因此，我們發了一封電子郵件問對方可否見個面，他們同意了。

會議上，我們和廠商老闆面對，解釋整個情況。我們稱讚他們過去的表現，強調這是那名員工的個人問題，但也清楚表達我們希望服務水準是：準時完成、回覆顧客的要求。我們的聯絡人感到不好意思，也非常感謝我們前來跟他見面。他表示這種情況再也不會發生了，後來也的確如此。我們提議面對面開會，爲雙方省下許多時間與金錢。

你或許會問，如果你的協商對象婉拒見面，該怎麼辦？得到這樣簡潔有力的拒絕並沒什麼不好，如果對方不願意和你面對面開會，你會知道自己不該和哪些人繼續做生意，哪些人並沒有眞正投入專案。如果他們確實有無法見面的正當理由，那麼提出和對方親自見個面的請求，當然也不會危害彼此的關係。

問題 能不能碰個面，當面聊聊？

怎麼運用

當一切進行得相當不順利時，開口請對方面對面開個會吧。面對面協商可以讓協商過程大大改變，朝雙方都皆大歡喜的方向發展。

怎麼回應

如果你想要談成這筆交易，也想要建立長久關係，便該肯定回應這個問題。當然，如果你覺得自己不需要這筆交易，而且想要藉此提高自己的談判地位，你可以有條件地回應這個問題。例如：「請列出你想在會議上談成的事項寄給我，並讓我了解貴公司曾給予顧客的最低價格。如果我看過這些資料之後，覺得符合需求，我會考慮在我辦公室這邊與你們開個會。」

你常常會碰到業務員要求和你面對面開會，優秀的業務員總是想親自和顧客見面，因為他們知道，面對面讓人很難開口說「不」。有個好方法可以應付業務員的這類請求，就是不要只簡短回說「不」，或直接要求提供某些好處。例如，不要回答：「好的，我想和你見個面聊聊，如果你能讓我和太太週末免費住宿在你的飯店，我們可以在星期日早上見個幾分鐘。」你反而應該這麼回答：「查理，謝謝你打來。我真是迫不及待想和你見面，如果你有多的波士頓紅襪隊的票可以給客戶，一定要告訴我。自從上次你招待我們去看比賽，我兒子就愛上它了。」你還可以這麼回答：「我想，碰面時，你身上應該會帶一些免費的樣品吧？」

問題10

我們能不能放下過去，只談未來？

我們常常得和過去跟自己有不愉快的人協商，這就是現實。很多時候，雙方會因爲認爲過去曾遭受對方不公平對待，而心生抱怨，進而使進行中的協商變得極其困難。以色列和巴勒斯坦之間的衝突，無疑是最好的例子，這種情況也可能發生在亮紅燈的婚姻，或是出問題的商業關係。「我們能不能放下過去，只談未來？」這個問題可以用來擱置這類過去的恩怨，其目的是：

- 避免雙方不斷回顧過去發生的事。
- 避免逐一檢視多年來一直無法解決，而且和目前協商幾乎沒有關係的問題。
- 爭取支持。換言之，擱置舊爭議，展望新協議。
- 作爲大家心照不宣的風向球。一般認爲，這暗示如果對方同意的話，發問者本身是願意只談未來的。
- 至少爲雙方可能達成的新協議，取得部分認同。事實上，這強烈顯示，同意這個問題的人認眞想要達成協議、向前邁進。

這個問題的弦外之音非常強而有力，那就是，如果雙方不同意放下過去恩怨，當下便不可能有成功的協商或協議。雖然這個問題不是「願意」或「不願意」的二選一題目（問題本身並沒有如此明確陳述），但暗示得夠清楚了。如果雙方繼續爭辯過去，協商實際上便無法、也不會有任何進展。

從以色列和巴勒斯坦的衝突中我們可以看出，如果雙方都只看過去，衝突永遠無法獲得解決。當你要和彼此之間有長期敵對過往的人協商時，這會是一個很棒的問題。如果協商對象給你的回應是，他還沒準備好只著眼未來，你便可以清楚得知，繼續協商可能是浪費時間。不過，如果回應是肯定的，你就知道會有機會達成皆大歡喜的協議。

筆者曾經運用這個方法，和一位問題員工協商。多年前，我們有一位員工極爲能幹，卻往往會在工作環境中引發混亂。和他合作的員工不斷抱怨，但是我們很不願意讓那名員工離開，因爲他獨特的才幹與技能，對我們極爲寶貴。和那名員工開會討論問題，只會不斷提起過去的不愉快，並令他感覺自己被同事和管理階層藐視。就在大家快受不了時，我們採取了不同的方式，我們問他：「我們能不能放下過去，只談未來？」他笑笑，鬆了一口氣，很高興自己沒被要求走人，他說：「我可以怎麼做，好避免未來再度發生同樣的問題，成爲對公司更具價值的員工？」這個問題讓我們雙方放下過去發生的種種，專注於未來。他後來的表現轉變幅度很大，而且非常正面。

這個問題也非常適合應用在非商業場合，以下舉一個例子。我們有一位好友叫做泰德，他的婚姻出了點狀況。他太太珍妮絲要泰德搬出去，主要是因爲養家餬口及幫忙家務等問題，和對婚姻不忠、嗑藥或任何諸如此類的事情都沒有關係。泰德傷心極了，他深愛他太太和兩個可愛的小孩。努力贏回他的家庭，成了他生命唯一的目標。

幾個月後，泰德不斷問珍妮絲他可不可以搬回去，結果都一樣。每當珍妮絲提到過去的不愉快，對話就此一發不可收拾。我們持續和泰德保持聯絡，想了解他的狀況，但他愈來愈沮喪。他辭掉工作，沒不久，便開始不接、也不回我們電話和電子郵件。終於有一天，我們打給泰德，留了一通留言（他不願意接電話）：「我們有個點子可以讓珍妮絲回心轉意，如果你想聽的話，就打給我們吧。」

五分鐘後，電話響了，是泰德。「我可以怎麼做？」他焦慮地問。我們解釋，如果他和珍妮絲不斷提及過去，不可能會有什麼好的結果。如果他想知道珍妮絲是否眞的想要他回去，他應該問：「我們能不能放下過去，只談未來？」泰德非常、非常感激我們的建議，聽起來像是他終於找到辦法，可以打破和珍妮絲之間的惡性循環，重新振作起來。

切記，在你參與的協商場合裡，你都應該會用到這本書所介紹的多個問題。例如：「我們能不能放下過去，只談未來？」這個問題便會出現在本書其他協商場合，成爲其中一項問題。且看以下的例子，將這個問題和「我們能不能碰個面？」、「沒達成共識就不走出這個房間，好不好？」一起運用，大大促進協商局勢。

多年前，我們邀請一位友人加入公司成爲合夥人。長話短說，彼此簽訂的合約運作得並沒有很順利。合夥關係的獲利不如大家原先的期盼，而那位友人不僅有貸款，還要承擔許多家庭責任，情況相當艱難。他非常不開心，因爲他無法過著自己想要的生活，同時又賺到足以支應家庭開支的錢。他停止和我們合作，開始在外頭找工作，但是仍舊保有他在公司的股份。這段合夥關係因爲公司現金持續消耗，變得愈來愈緊繃。事態急轉直下，很快地，我們不再說話了。接著，我們幾乎一星期會收到一封他寄來的威脅信，要我們付他一大筆錢。這個情況持續了幾個月，我們開始考慮請律師處理。

當情緒高漲時，透過電話或電子郵件協商並不是個好主意。因此，我們決定安排一場面對面的會議。我們彼此見面，也客氣地打招呼。當我們握手時，卻仍感覺得到那股緊繃的情緒。坐下來之後，我們馬上問那位朋友一個問題：「我們能不能放下過去，只談未來？」他給予肯定的答案，你可以看到敵意瞬間化於無形。我們在三十分鐘內達成協議，買回他的股份。這結果對我們彼此的財務都有好處，更重要地，我們再度找回失去的情誼，並一直延續至今。

不久前，我們和一家資訊科技廠商的關係急速惡化，該廠商負責幫我們建置新網站。該廠商當時正經歷一些人事與經營上的問題，公司先是因爲其中一位合夥人離開而陷入混亂，接著，另一位合夥人的家庭成員健康也亮起了紅燈。

我們決定安排一場面對面會議。會議上，我們刻意避免提及過去，也避免叨唸廠商的疏失。反之，我們坐下之後，便馬上問：「我們能不能放下過去，只談未來？」對方這麼回答：「我很感謝你能這麼做。」會議室裡的緊繃情勢瞬間蒸發。我們不再是心灰意冷的客戶，而是集三位專家之力，解決我們遇到的問題。會議非常順利，自那天起，我們獲得的服務獲得大幅改善。

問題

我們能不能放下過去，只談未來？

怎麼運用

當彼此間有嫌隙時，問「我們能不能放下過去，只談未來？」這個問題，可以非常有效地幫我們達成協議。將彼此過去的歧見擺一旁，無疑是明智且確實有效的協商策略。

怎麼回應

想要和彼此過去有嫌隙的人達成協議，回應這個問題的最好答案通常是「好，我想這會非常有幫助。」這類回答表示，你了解舊事重提無濟於事，而且你想向前邁進。回絕這項提議或許逞了一時之氣，卻無法獲得建設性的結果。

問題11 你是重視團隊合作的人嗎？

當你面對的人和你是屬於勞雇關係，而且對方的要求你無法接受，「你是重視團隊合作的人嗎？」就是個很好用的問題。你最好能先發制人拋出這個問題，或是在對方提出你無法接受的條件時提出。問這個問題也可以非常有效地鼓勵你的同事，不要提出過分的要求（先發制人地發問），或讓對方在提出過分要求時，能知難而退（回應對方提出的需求）。

「你是重視團隊合作的人嗎？」的弦外之音既清楚又有力，就像是說：我們是在同一條船上，我們需要的是願意團隊合作的成員，這樣的成員會相互合作、相互體諒，不會製造麻煩。「你是重視團隊合作的人嗎？」是風險極低的問題，有什麼風險會低於問某人他們是否喜歡團隊合作？由於這個問題的風險很低、甚至沒有風險，我們可以常常應用在彼此有長期勞雇關係的情況。

除了風險低，這個問題也非常有效。這麼問時，你會收到的答案幾乎都是「是的。」的確，對方如何給你「是的」、「當然」以外的答案，回答其他答案無疑是自求毀滅。一旦你的協商對象受激，表示自己喜歡團隊合作，你的協商地位便大大提升了。爲了支持自己的論點，讓對方了解爲什麼你無法滿足他的要求，你只要點出這個團隊在財務、組織、社會及其他方面上的需求即可。

如前所述，先發制人是運用這項問題的方法之一。換言之，在你的協商對象提出他的需求之前，便問他這個問題。例如：

雇主：我想聘請你擔任這項職務，但在那之前，我想問你一個更重要的問題。

應徵者：請說。

雇主：你是重視團隊合作的人嗎？

應徵者：當然。

雇主：很高興聽到你這麼說，這家公司就像一個團隊，不同人擔任不同職務。我們彼此支援，共同的目標就是要上公司成功，你了解嗎？

應徵者：是的，當然。

雇主：好的，我會給你一份正式的聘僱合約，你剛進來的年薪是三萬二美元。如果你善盡職守，幫助這個團隊成功，便會有充分的機會可以獲得獎金、分紅及晉升。你什麼時候可以開始上班？

應徵者：嗯……我希望年薪可以再多一點，我可以談薪資嗎？

雇主：坦白說，我們要找的是一位重視團隊合作的人，一位能專注在自己能為團隊盡什麼力，而不是團隊能為他做什麼的人。我們不想找來一個只在意我們能為他做什麼，一個成天要求加薪的人。這樣我們有共識嗎？

應徵者：三萬二沒問題。我星期一就可以開始上班了。

雇主：很好，我們期待你的加入。

先發制人地問「你是重視團隊合作的人嗎？」可以幫你做好準備，因應接下來即將談到的薪資問題。一旦應徵者同意自己重視團隊合作，等於把武器交給雇主，讓雇主用這一點來防堵他。這名雇主有效運用這項武器，讓應徵者放下商議增加起薪的立場。

我們通常會用這個問題，來回應員工的特殊要求。面對這類要求，我們往往會採取強硬立場，因爲如果滿足這些需求，便可能引發一連串財務上與公司政策上的問題。我們來看下面這個例子，看筆者面對員工要求時，如何用「你是重視團隊合作的人嗎？」來回應。

員工：史蒂夫，謝謝你和我見面。我想要討論薪資。我在這家公司工作得非常努力，也表現得很好。我想我應該加薪二萬美元，我值得的。

雇主：你的績效評量是在四月底，你當然可以想得到，屆時我們會據以調整薪資。

員工：我有學生貸款要繳，以我在這裡的表現，我值得從現在開始加薪二萬美元。

雇主：你是重視團隊合作的人嗎？

員工：當然。

雇主：你是我們的朋友，查理，所以我就坦白說。我們不需要一位只是嘴巴說說自己重視團隊合作的人，我們要的是能用行動證明自己忠於團隊的人。忠於團隊的成員不會要求特殊待遇、破例的薪資或計畫之外的加薪。忠於團隊的成員善盡職守，等待屬於他們的機會，且不會興風作浪。如果我同意你的要求，可能會引發其他成員的憤怒。除此之外，公司付不起你要的加薪幅度，我得顧及到組織整體。你的績效評量是在四月，評量過後，你會獲得和你職務一致、也和其他團隊成員一致的薪資調整。如果這會是個問題，請現在就讓我知道。否則，我會忘了我們在這裡的對話，並期待四月時能坐下來和你一起進行績效評量。

員工：好吧，感謝你，史蒂夫。我們等到四月再談吧。

在上述例子裡，我們相當有效地運用「你是重視團隊合作的人嗎？」這個問題，建立起雇主的論據。那名員工一如預期地同意自己是團隊的一份子。這讓雇主可以有非常強的論據，解釋爲什麼無法被接受那名員工的要求。

問題 你是重視團隊合作的人嗎？

怎麼運用

和員工協商時，「你是重視團隊合作的人嗎？」會是一個非常有效的問題。問「你是重視團隊合作的人嗎？」風險不高，既可以先發制人，也可以用以回應員工提出的要求。你收到的答覆幾乎千篇一律都是肯定的，一旦你收到正面的回應，便可以利用這個回應來鞏固自己的協商地位，例如點出為什麼該名員工所要求的，不是一名團隊成員應有的行為。

怎麼回應

「你是重視團隊合作的人嗎？」是一個真的必須給予肯定回覆的問題。如果是這樣，回答這個問題的最好方式或許是，再加一句修飾語。例如：「是的，但是，我想你不會希望有個不滿意的團隊成員吧？」這種回應傳遞一個簡單的訊息：我是團隊的一員，但是你的提議無法令我感到滿意，你得再多給點甜頭，才能令我們雙方都滿意。

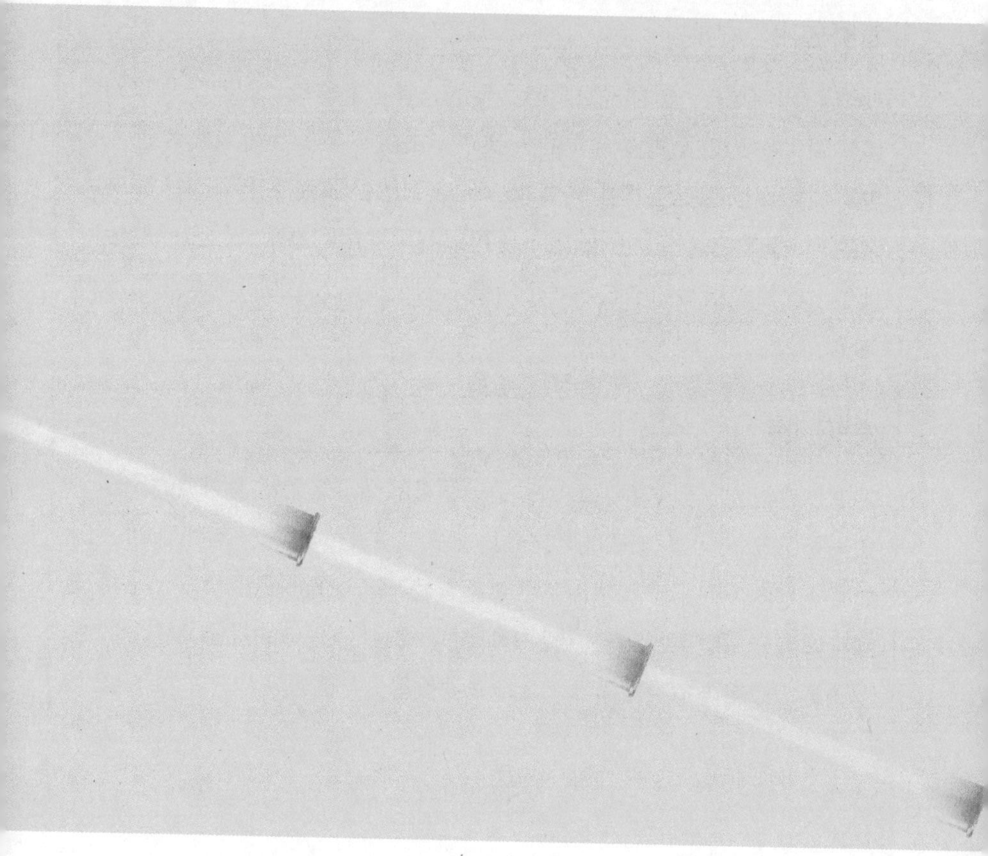

第四類

定錨效應

有一種經驗老到的人用的協商戰術，叫做「定錨」（anchoring）。基本上，定錨就是說訂出一個開始協商的範圍。這個範圍可能是提議的價格或條款。如果能成功將對方定錨，他們便會被迫從一個指定的範圍、從一個由你提出的有利位置開始協商。第四類的問題可以幫你將對方定錨。

問題12 X元你可以接受嗎？

多數協商者都認爲，讓協商對象自己提出價碼，並從這個價碼開始談起，向來是比較好的策略，我們並不這麼認爲。其他協商者認爲應該由對方先提出價碼的原因如下：

■ 對方理論上可能會提出低於你願意出的價格（這種情況鮮少發生）。
■ 由對方提出他的價碼，可以讓你向下修正價格。
■ 你可以依據對方提出的價格的高低，判斷：
- 對方有多迫切想達成協議；
- 對方是不是經驗豐富的協商者；
- 對方是切合實際，還是抱著不合理的期待；
- 你和對方達成協議的機率有多大。

不過，由對方提出價碼的協商策略會有許多問題，包括：

- 鼓勵對方算計自己值多少；
- 迫使對方提出誇張的價碼，好替自己預留協商空間；
- 給對方時間思考這個問題；
- 引發對方的預期與渴望。

我們認爲，一旦對方提出價碼，將無法再滿足於你提出的較低價碼。每減少一元，對他而言便形同損失一元。屆時要讓這個人放棄他提出的價碼，便沒有那麼容易了，而這會讓對方充滿抗拒與不滿。

由我方提出價碼並不常見，但是我們深信這麼做的效果。我們認爲，由你先提議一個價格，藉以將你的協商對象定錨，這麼做的效果比較好。你只需要問類似「X元你可以接受嗎？」的簡單問題，便可以達到目的。

對方思考這個問題的過程大致如下：

一、至少我知道了大概的價格；

二、這價碼太低了；

三、如果那是他們的起價，我可以要求更多；

四、我會要求多一點，但不會太多，我不想讓自己顯得不切實際；

五、如果我要求多一點，我不但成了英雄、還是一流的協商者。

你透過這個問題，替價格定了一個界線，對方幾乎都會從這個大概的數字開始協商，再多要求一點。你的協商對象實際上已經被你的數字定錨了，無法再開出偏離太遠的數字。後續一切協商將從你提出的那個數字開始，這對你會是相當大的優勢。

我們經營的過程中，一直成功運用這個方法。邀請講師出席我們舉辦的全國性研討會時，我們事先會告訴對方，我們無法支付講師費。於是對方會被我們這個說法定錨，而只要求一些小小的好處，例如免費在飯店多住一晚、免費租車服務，或是購買我們產品的折扣。想想看，如果我們問講師他們一般演講的收費標準，情況會如何？答案可能是數千美元之譜，如此一來，我們便無從將價碼下殺到零了，反而讓自己被對方定錨了。

我們在當律師時，隨時都會利用這個問題，將對方律師定錨在我們提出的和解要求。我們會問：「你接受這個案子以十萬美元和解嗎？」那是協商的起點，如果他讓我們同意將價格降至五萬美元，那麼他看起來會像個英雄，而且感覺也會很好。我們知道這個案子只值三萬五千美元，也樂於讓他砍掉一半。

我們來看看最後一個例子。我們想聘請一名專家，幫忙撰寫一套我們正在製作的教育視訊影片，並擔任裡頭的一個角色。協商過程如下：

筆者：我們想邀請你，為我們正在拍攝的視訊影帶擔任內容專家，我們知道你是這方面的頂尖專家。這段視訊影片長三十分鐘，好消息是，我們可以在你的辦公室拍攝，這將能幫助許多人。

專家：謝謝你們的誇獎，三十分鐘的影片聽起來還不壞，有酬勞嗎？

筆者：這個嘛，按慣例，我們是不對外給薪的，但是以你的情況，我們可以例外處理。三千美元你可以接受嗎？

專家：嗯，我很想接，但是……我有兩個孩子在上大學，無法接受低於……六千美元如何？

筆者：嗯，那超出我們原先的預算許多……讓我打電話問問，請等我一下。好的，沒問題，就六千美元。

專家：很好，我們何時開始？

這過程中發生什麼了事？對方內心經歷了上述所提一到五的過程，並提出雙倍的要求。他沒有多少時間好好思考這個問題，也對自己及自己的協商本領感到相當高興。他被「定錨」在三千美元這個價格，認為自己最多可以幸運要求我們提出價格的兩倍，也就是六千美元。我們問他能否以我們提出的價格接受這項工作，讓我們得以主導協商局勢。

事實上，如果他沒有被我們價格定錨住，他應該會這麼想：

- 他一個小時通常收費多少？
- 拍攝視訊影片會要投入多少小時（三十分鐘長的視訊影片，當然不可能在三十分鐘內拍攝完成，大概需要將近八小時吧）？
- 這公司是否會對外銷售這視訊影片？價格為何？大約能賣出多少份？
- 他還必須寫腳本嗎？（沒錯，他是這個領域的專家）。

問題 X元你可以接受嗎？

怎麼運用

問「X元你可以接受嗎？」這個簡單的問題，悄悄用你提出的價格將你的協商對象定錨，讓你得以讓最終價格，不至於偏離你預設的價格太多。

當對方據此提出六千美元時，他便不再有立場抱怨自己同意的這個價碼了。那可是他提出來的！你給他的正是他要求的，你只不過是透過這個問題將他限制在一個大致的價格範圍，如此而已！

怎麼回應

我們可以採取不同方式來回應這個問題。如果你相當了解這份工作的內容，以及它對你而言的價值，而對方提出的價格低得離譜，你應該提出你自己的價格，根本別管對方提出的數字是什麼。忽略對方想要定錨你的企圖，反過來以你的數字去定錨對方。例如，你可以說，「不，我演講的費用是每天一萬美元。」由於對方提出的價碼太不合行情了，你這麼說是不會有什麼風險的。

不過，如果你並不甚清楚自己到底得做些什麼，最好的方法便是先詳細了解。例如，你可以回應：「我想現在還不是談價碼的時候，請傳給我一份你想要我做的明確事項，然後我會提出我想問的問題。等我全盤了解整個工作的狀況之後，我再告訴你價格。」這麼回應完全忽略對方想要定錨你的企圖，也幫你取得重要資訊，了解對方究竟希望你做什麼。

問題13 你最多付過多少錢？

這個問題很適合賣家用來問潛在顧客。乍看之下，你可能很難相信這麼簡單、直接的問題，居然也可以幫你取得協商優勢，但是我們屢試不爽。這個問題既簡單，又有效。究竟是什麼原因，讓這個問題這麼有效？我們可以有技巧地問這個問題，藉以影響對方，令對方掛慮著該如何據實以告，才不至於混淆事實。如果對方撒謊或有意混淆事實，又該如何？不據實以告會衍生以下幾種問題：

- 謊言或推諉可能很容易被看破。
- 如果謊言被拆穿，信任或商譽可能就此毀於一旦，也可能就此失去這筆生意。
- 如果對方投入的這筆交易，涉及長期的關係，說謊或推諉會損害信任及信用，也會令人懷疑，究竟值不值得和這個人（或是公司、組織）長期往來。

因此，儘管說實話非常難或代價非常大，卻可能是鞏固長久關係最好、也最毋庸置疑的方法。這個問題之所以這麼有效，是因為它假定潛在顧客會支付你「付過最多」的價格。經驗豐富的協商者都知道，一旦提出一個數據，就不太可能再收回。

看看以下我們遇過的例子。前面提過，筆者曾接受一個醫療協會（經營一份頂尖、聲譽卓著的醫療期刊）聘雇，擔任專業協商人員，協助他們和某出版社洽談更好的條件。這家擁有期刊所有版權的非營利醫療協會覺得，之前合作的那家出版社，在支付他們報酬時欺騙了他們，這的確是事實。在充分討論之後，我們將一份公開招標公告傳給全球頂尖醫療出版社，透過這份公告，美其名是邀請各家出版社競逐這份期刊的業務，實際上就是要各界開價競標這紙合約。

結果有許多公司回應，經過冗長的精挑細選，我們將有希望勝出的出版社縮限在三家。這三家都獲邀參加最後的評選會議，再由該醫療協會選出得標者。在長達一整天的會議裡，三家出版社分別向該協會提出冗長的簡報，該協會最後篩選出他們心中的首選。我們則另外訂了一天，要和勝出的出版社進行為期一整天的協商。

在和這家出版社進行協商的前五個小時裡，該協會絕口不提錢的事。協商清單中的二十七項，都和流程、品質控制、文化、授權許可、過期文章、期刊文章結集成書等議題有關，出版社一一同意。到最後，這家出版社顯然投入相當大的心力要爭取這筆期刊生意。他們坦白承認，這筆交易是他們「皇冠上的珠寶」，他們打算利用這筆生意去吸引其他期刊業務。當我們開始談到財務時，協會提出的諸多財務條款，對方都很快同意，包括版稅稅率、版稅支付頻率及編輯支援等費用。不過，與協會的簽約金（這是協會先前不曾要求的）及年通膨率伸縮條款（escalator clause）這幾項問題，仍有待繼續協商。

在一次大家都很需要的休息時間裡，筆者和協會主要協商者要求，要和該出版社主要協商者在走廊上單獨談談，遠離其他人。

我們只問一個問題：「你們幫其他機構出版過數百份期刊，最多付過多少？」出版社那位主協商者微微眨眼，告訴我們他們一般支付多少簽約金及年通膨率伸縮條款，那是我們從不曾夢想要求的數字。我們要求有同樣的對待，出版社也同意了。這個問題與回應，讓協會多出數百萬美元的收入，各方對協商結果都很滿意。想想看，一個問題竟值數百萬美元！這便是在協商過程中問對問題的力量。

問題

你最多付過多少錢？

怎麼運用

問「你最多付過多少錢？」便能大幅且正面地，影響我們的協商結果。你可以依據不同的協商情境調整這個問題，都可以為自己帶來大幅而有利的影響。（注意：如果你是買家，你可以這麼問：「你過去賣這些東西時，最低曾賣多少錢？」效果一樣好。）

怎麼回應

如果有人問你這個問題，你可以採許多不同的方式回應。第一種方式是反駁這個問題的大前提，也就是你過去曾買過或賣過完全一樣的東西。在這個情況下，你只需要簡單回答：「嗯，我們不曾有過同樣的經驗，這和我們過去的作法並不相同。」當你運用這個方式，你無疑得做好準備，防範對方繼續追問，要你解釋這個情況為什麼不同。這個方法的另一種技巧是這樣：「在股市崩盤、市場紛擾不休之前所發生的狀況，肯定昨今不同，無法相提並論。」

另一種回應方式是表示自己不知情，即簡單回答「我不清楚。」或「我不認為我們手邊留有相關紀錄。」就可以了。

最後，你還可以直接回應這類直接的問題。可以簡潔有力地回答：「抱歉，但是我們不討論業主的資訊。」或「我們不會透露其他客戶的財務資訊。」

問題14 可不可以告訴我價格大概是多少？

問「可不可以告訴我價格大概是多少？」是爲了讓賣家措手不及，希望賣家會因爲不想失去你這筆生意，而開出低價。即使賣家開出的約略數字還是得經過協商，他在未來協商過程中，基本上已經被定錨在這個偏低的價格裡了。

對賣家而言，這個問題背後的弦外之音很容易了解，也就是你很在意價格，而且正在四處比價，想找到開價最低的賣家。聽到這個問題，賣家會很想給你一個低得足以吸引你的價格。如果不這麼做，賣家便可能會失去這筆生意。

購買諮詢、專業服務（法律、會計等）等客製化服務或建造工程（賣家如果沒有投入大量研究，很難判斷出工作內容），最適合問「可不可以告訴我價格大概是多少？」這個問題。反之，如果產品或服務的內容已經界定清楚了，賣家也已公開價格，那麼便不適合問這個問題。

問這個問題的最好時間點，是在向潛在賣家詢價之初，你也可以藉此不經意地向對方透露你正在四處詢價，例如：「你好，我正在看住家用的灌溉系統，也打電話問過幾家廠商。你可不可以告訴，我這類住家用的系統大概要多少？」向賣家詢價時，愈早問這個問題，愈會讓賣家措手不及。

問約略價格的另一項好處是風險很低，你最可能得到的回應是，賣家直接給你一個約略價格，或是請你提供進一步詳細資訊。無論是哪種情況，你都不會因爲問這個問題而造成損失，選擇權依舊在你的手上。

如果賣家請你提供更多詳細資訊，你得作個決定。提供愈多細節，賣家愈不可能倉促報給你一個低廉的價格。不過，如果你不想提供詳細資訊，賣家通常會拒絕提供約略價格，因爲他眞的不知道要怎麼報價。如果你持續要賣家提出約略價格，便可能會失去遞價（想獲得某項商品者願意購買的價格）優勢。這對你才是眞正的風險，因爲擁有愈多選擇，能爭取到的條件就愈好。

如果你下決心就是要賣家給個約略價格，我們建議你這麼做。首先，先想好一個藉口，解釋你爲什麼需要一個約略價格，例如：「如果你的價格不在我們能接受的範圍內，我就不想再歷經冗長的討論，也不想浪費彼此的時間。」另一個好方法是表示自己不清楚詳細資訊，例如：「我沒有所有你要的詳細資訊，我老闆只要我打電話來詢價。」最後，爲了降低自己的風險，記得要替自己預留迴旋空間。千萬不要絕對肯定表示，自己需要一個約略價格是爲了繼續比價，結果把自己逼到沒有退路的死角。

你獲得的回應，當然是一個約略的價格。賣家如果想要你這筆生意，就可能會給你誘人的價格。如果賣家開給你高價，你就繼續向其他賣家詢價，以省下要這家不具競爭力的賣家準備詳細報價的時間。如果賣家給的約略價格非常具競爭力，你就應該在未來和每家廠商進行的協商之中，點出這個價格。

不久前，我們公司在找尋一種辦公室專門設備，經過一番研究，我們發現有三家廠商生產這類機器。不過，你無法從任何地方查到這些設備的價格，必須一一打電話給各家廠商的業務部門。我們請一名員工利用這個問題幫我們詢價，其中兩家廠商拒絕提供約略價格，因爲可以考慮的選項、變數及服務方案太多了。以下對話是我們打電話給其中一家廠商的過程：

筆者的員工：你好，我正在看你們生產的XYZ機器，你可不可以告訴我價格大概是多少？

業務員：可以呀，首先，你好嗎？

筆者的員工：很好，你呢？

業務員：很好，謝謝。我可以問你幾個問題嗎？

筆者的員工：說真的，沒辦法。我老闆只給我一份廠商清單要我聯繫，他還告訴我別和業務員閒扯，只要問到價格大概是多少就好，好讓我們看看有什麼地方是我們可以考量的。我很抱歉，我老闆就是這麼挑剔，他只給我一個小時完成這份清單，你可不可以告訴我價格大概是多少？

業務人員：五千美元。

筆者的員工：謝謝你，我們再聯絡。

任何稱職的業務人員都知道，如果對方顯然是在四處比價，就應該要給潛在顧客一個具吸引力的價格。那名業務員正是這麼做，我們那位員工早已事先準備好，該如何回絕對方要我們提供更進一步資料的要求，我們的策略確實成功了。我們的員工還刻意強調價格對我們來說非常重要，而且我們正四處比價。後來我們拿五千美元這個價格，去和三家廠商進一步協商，再向其中一家提供非常優惠條件的廠商，採購該項設備。

問題

可不可以告訴我價格大概是多少？

怎麼運用

如果要採購的是屬於諮詢、建造工程、專業服務等客製化服務時，最適合問「可不可以告訴我價格大概是多少？」請賣家提供約略價格相當有效，因為通常會讓對方措手不及，給你一個很好的定錨價格。如果你的協商對象想要跳脫這個定錨價格，你只要指出這個價格，就可以有效回應。只要你能為自己預留退路，問「可不可以告訴我價格大概是多少？」的風險很低。要讓這個問題的效果發揮到極致，你應該事先準備一套說辭，解釋為什麼你沒辦法提供詳細的資訊。這個問題最好在協商開始時盡早提出。

怎麼回應

如果你在不清楚詳細資訊的情況下，便倉促提供對方一個約略價格，那你便是一個失敗的賣家，這一點絕對得避免。你應該堅定地這樣回應這個問題：「其實我可以做到不只這樣，我會很高興給你一份精準的書面報價，但是請你提供我更多資訊，只要五分鐘就好，我們現在就可以透過電話進行。」這個標準回應非常合理，因為你給他們的超過他們的要求：一份可靠的書面報價，而不是約略價格。

問題15 你清楚業界的標準嗎？

問這個問題是爲了讓你的協商對象同意，以業界標準作爲這場協商的起點。成功運用這個問題的前提是，事先必須謹慎了解業界標準是什麼。

這是一個好問題，暗示你相當熟悉業界標準，讓人覺得你手上握有充分資訊，在這場協商中不會輕易被占便宜。此外，你的協商對象也很難在之後的協商中，開出不合乎標準的條件，這麼做等於是冒著讓你掉頭離去的風險。

看看幾個我們過去成功運用「你清楚業界的標準嗎？」這個問題的例子。筆者曾幫一些大型出版社寫過幾本教科書，以下是其中一次協商的過程。

出版社：我們希望你能幫我們寫一本教科書。

筆者：聽起來挺有意思的，條件是什麼？

出版社：呃，我們給你一〇％的標準版稅。

筆者：你清楚業界的標準嗎？合約通常會把版稅訂在一五％。

出版社：呃，那是有一個範圍的……標準版稅是從一〇%到一五%，沒錯。

筆者：在出版之前，你會需要投入多少時間與努力，讓原稿維持進度，還有編輯和改寫？

出版社：簡而言之……非常多。

筆者：我們保證會準時完成我們的書，而且是已經可以出版的水準。我們是專業作家，寫過十本教科書了。

出版社：那真是太難得了。

筆者：我們是很有經驗的，值得一五%的最高版稅。

出版社：讓我問問我主管。

幾天後，出版社打來，同意我們要求的一五%版稅。我們利用業界標準，讓版稅足足增加五〇%。花時間研究業界標準，並在對的時間問對的問題，確實能爲我們帶來成功。

我們還有許多其他利用業界標準，獲得較優惠條件的例子，其中常見的狀況是，我們想要在旅館舉辦會議，要和旅館簽約時。每當我們看到合約中出現一些不尋常之處，以及對我們不利之處，我們便會問「你清楚業界的標準嗎？」這個簡單的問題，幾乎總能使對方收回致命的條款，接受更符合業界標準的修正條款。

問題

你清楚業界的標準嗎？

怎麼運用

只要你花了時間研究業界標準，「你清楚業界的標準嗎？」會是在協商時非常有用的問題。問這個問題可以幫你不至於被對方占便宜，結果談到一筆條件很差的交易。

怎麼回應

有兩種不同方式可以回應這個問題。第一種是，爭論是否真的存在主導產業的標準。這時的重點是要說明你的情況和一般人不同，並解釋為什麼業界標準不適用。例如：「當然，我知道出版業一般的業界標準是什麼，但是這個情況略有不同，請容我解釋原因……」

另一種回應的方式是，充分做好準備，把業界標準當作你的利器。此時，你得點出業界標準對你如何有利。你要具體指出，你很清楚業界標準，這便是業界標準，就繼續照標準來，因為標準對我有利。例如：「沒錯，出版社支付的版稅一般不會超過一〇%。」要注意的是，你必須清楚了解自己的狀況，並花時間做功課，才能採取這種方式回應。

第五類 建立優勢

協商成功與否，和你能建立起多少協商優勢直接相關。要建立協商優勢，可以運用好幾種技巧，例如讓對方知道他會損失什麼、限制對方可以選擇的選項、提出你自己的選項、不要顯得過度迫切、以未來繼續合作的可能性來吸引對方，以及揭露可靠的資訊讓對方了解，為什麼你無法同意他提出的條件等。這一類中的問題，可以讓你用以創造協商優勢。

問題16 你準備要失去我們這個顧客了嗎？

如果你是一項產品或服務的忠實顧客，往往就可以站在有利的位置，和賣家協商比較好的價格，以繼續使用該項產品或服務。要達成這類交易時，以溫和的語調問：「你準備要失去我們這個顧客了嗎？」可以非常有效地向業者爭取到最理想的合理條件。

要有效運用這個問題，你必須先做好準備，以贏得好顧客的聲譽。那麼，成為長期好顧客的條件有哪些？

- 準時付款，從不延遲、抱怨，或是用繁瑣小事去困擾賣家／廠商。
- 和賣家／廠商往來相當長一段時間。
- 對產品／服務有持續性的需求。
- 有效率的顧客，做事有條不紊，知道自己要什麼。
- 樂意將產品／服務推薦給其他潛在顧客。

現有顧客的獲利空間，比新顧客要大得多，這是因爲爭取到一位新顧客非常不容易，而且必須投入大量費用。一旦遇到「你準備要失去我們這個顧客了嗎？」這類問題，公司的業務或客服人員，就等於面對了以下幾個難題：

- 他的工作是要爭取生意、不是失去生意。
- 他的薪資可能和留住你這位顧客有直接關係，因爲你消費，他便有佣金可賺。
- 一旦失去這名顧客，他就得對上級主管好好解釋事情的始末。
- 他可能可以選擇找另一名類似的好顧客來取代，但是這麼做並不容易。
- 他得算計：
  - 這位顧客對公司的長期和短期價值；
  - 這位顧客離開會令公司損失多少利潤；
  - 要如何彌補失去的利潤；
  - 爲了留住這位好顧客，公司會少賺多少利潤？

多數業務人員都很清楚，要再找到同樣好的顧客，是多麼令人卻步的任務。爭取到一名新顧客需投入的成本，比服務現有顧客的成本高出六倍至十三倍。只要想到這一點，業務人員及公司客服人員便會回過頭設法留住好顧客，盡力讓他們感到滿意。

運用這個問題最好的方法是，先按照上述方式，建立起好顧客的聲譽。如果你是一個很麻煩的人，賣家或許會很高興擺脫你。其次要花時間做功課，了解市面上有哪些競爭對手提供更低的價格。最後，當你發問時，語調要和緩，不要採威脅的態度，讓賣家相信你這麼做純然是出於經濟考量。記住，你未來還需要和這名賣家繼續合作，而他們也必須有利潤空間，因此，如果你想繼續使用這個賣家的產品或服務，就不要做出不合理的要求。

我們曾經多次利用這個問題與方法。二〇〇八年秋天突如其來的金融風暴，讓我們公司深受打擊，我們的營收絕大部分源自諮詢與教育訓練，而面對這次經濟急遽衰退，多數公司最先刪減的便是諮詢與訓練支出。不用說，這讓我們公司面臨了極具挑戰的經營局勢。

爲了推廣我們的研討會與諮詢服務，我們每年要寄出上百萬個宣傳手冊，手冊一共三十六頁，而且是彩色的，印製成本高達數十萬美元。多年來，我們向來是將宣傳手冊交由特定一家印刷廠來印製，該公司印出來的手冊品質相當好。印製品質是我們的主要考量，因爲這些彩色手冊爲我們帶來大部分的收入。

當二〇〇八年金融風暴襲捲全球，我們別無選擇，只能力求節省支出。由於這家印刷廠品質精良，客服也相當好，我們想要繼續和他們合作。因此，是時候和他們談個較爲優惠的條件了。

我們已經完成了部分的協商準備。我們是好顧客，不，應該說我們是很好的顧客。我們每次都準時付款，每年都和他們往來，不做不合理的要求，也從來不曾要求廠商提供運動比賽門票等免費贈品（許多廠商都會略施這類小惠來吸引顧客）。

接下來的準備工作得花點時間。我們請助理搜尋有哪些印刷廠，有能力印製我們要求水準的宣傳手冊，了解高價到低價之間的價格區間，並詢問這幾家印刷廠可以給我們什麼比較優惠的價格。助理花了約一個月的時間才完成，他收到的絕大多數報價，都高出我們目前支付的價格。不過，他確實有找到幾家便宜許多的印刷廠。有了這些報價，我們便開始展開協商。以下是協商過程：

筆者：約翰，我想你應該已經收到我們傳給你看的競爭對手報價了？

印刷廠：是的，我們收到了，謝謝你傳給我這份資訊。

筆者：你知道我們希望你們能給我們更好的優惠？

印刷廠：是的，我了解。這幾家廠商位在偏遠的地點，我們的成本比他們高出許多。

筆者：這點我了解。你們對我們很好，我們認為你們的品質非常好，客服也是一流的。我們真的很想繼續和你們合作，但是面臨當前這種衰退的經濟局勢，我們的財務壓力很大。在我轉去和他們合作之前，我只想禮貌性地打這通電話，直接問你是否準備要失去我們這個顧客了？

印刷廠：我很感謝你給我們這個機會，請給我二十四小時，我看看我們能提供什麼樣的價格。

隔天，我們收到他們的回應。印刷廠同意降到價差的八成，他們表示，價格再低的話，他們實在沒有利潤空間。我們相信他們，也選擇繼續和他們合作，因爲我們滿意他們的產品。我們現在依舊是他們的好顧客，和他們持續合作，一起度過那段嚴峻的景氣。

「你準備要失去我們這個顧客了嗎？」這個問題對筆者的事業，有著具體且眞實的意義，這個問題爲我們省下的錢，讓我們得以避免裁員。我們對自己經營這項事業感到最滿意的其中一點便是，由於我們的協商技巧及努力，讓公司在面臨這類嚴峻環境的情況下，仍能讓員工和家人維持溫飽。

問題　你準備要失去我們這個顧客了嗎？

怎麼運用

對紀錄良好的顧客而言，「你準備要失去我們這個顧客了嗎？」這個問題可說是一股強大的動力，能為他們爭取到優異的條件。事先了解競爭對手提供的報價，可以為協商奠定基礎。要讓這個問題發揮最大效果，發問時應該要有禮貌，不要語帶威脅。

怎麼回應

如果你的定價沒有彈性的話，便很難回答這個問題。在這種情況下，比較慎重的回應可能是：「我們非常重視貴公司，也希望未來能繼續為貴公司服務。只不過，我們給的已經是最好的價格了，如果你的預算有限，我們當然可以討論看看是否可以修改服務內容，或是改換成本較低的材質，以符合你目前的預算。」這類回應除了展現你的協商優勢，同時也提出一個選項，讓顧客能較低的成本，獲得較少的服務。

如果你的定價策略是有彈性的，也願意迎戰任何競爭價格，那回答就容易多了。以同樣的狀況為例，你的回答可以相當積極：「不，我們會盡一切努力讓貴公司滿意，請把你手上任何競爭對手的書面報價傳給我們吧，我們不會輸給他們的。」

問題17

你知道只有我們能提供這項商品嗎？

協商者如果是某項產品或服務唯一的供應商，那麼在協商中便會居於主導位置。如果你的協商對象認爲，你是唯一銷售某項產品或服務的廠商，他有以下三項選擇：

一、無法獲得他想要的產品或服務；

二、試著在市場上找尋其他品質和你接近的商品；

三、同意你的條件，付你提出來的價格。

要成功利用這個問題，關鍵的前提是要先定位自己，讓你的產品或服務是（或看起來是）獨一無二的，這點必須在協商之前做到。只要你成功定位，讓自己成爲某項產品或服務的唯一來源，便可以問你的協商對象：「你知道只有我們能提供這項商品嗎？」簡單又巧妙地向對方點出這一點。這個問題相當具影響力，被問者可能會產生以下幾種反應：

■ 被問者如果事前不知道這項事實，聽到後將會大爲驚訝。

■ 必須承認確實是如此。

■ 因爲被問到這個問題而頓時失去協商優勢。

■ 體認到：

- 發問者很清楚自己是唯一來源；
- 發問者在這場協商中擁有所有協商優勢；
- 發問者可能會運用這個優勢，爭取任何能滿足自己需求的條件。

■ 被問者會降低自己的期望。

■ 認爲自己可能得投入極大的努力，才能談成這筆交易。

■ 覺察到自己可能無法和協商對象完成交易。

外界向來認爲我們的產品與服務是獨一無二的，而其中許多項目也確實是市場上唯一的，因此我們才能夠以高價銷售。在銷售時，我們幾乎都會客氣地問：「你知道只有我們能提供這項商品嗎？」讓對方清楚知道，我們是該項產品或服務的唯一供應商。請參考以下幾個例子，看看我們如何運用這個問題替自己爭取到絕佳的優勢。

一九九〇年代初期，我們有了一個新產品的構想。美國醫學會（American Medical Association）出版了《美國醫學會指南》（AMA Guides）這本參考書，銷售量大約五千份。法規明定，醫師在幫因工傷申請勞工賠償津貼的勞工做檢查時，必須按照這本參考書。概括而言，這本參考書向負責檢查的醫師說明，該如何判斷受傷的勞工依法可獲得多少賠償。

這本《美國醫學會指南》非常冗長、複雜，而且不容易使用，醫師們得費盡心思去了解和使用。我們的構想是製作教學錄影帶，透過錄影帶向醫師說明該如何使用《美國醫學會指南》。不過要製作這項產品，我們必須和美國醫學會達成合作協議。

經過幾個月的努力，我們終於和美國醫學會約好時間，飛至他們位於芝加哥的總部和他們碰面。協商過程大致如下：

筆者：各位都知道，我們提案針對《美國醫學會指南》這本參考書，製作一系列的教學錄影帶，每章節各一卷錄影帶。我們會透過錄影帶說明，該如何正確使用這本參考書。銷售方式是採整套銷售，價格比原書高五倍。至於營收部分，由貴學會和我們五五分帳。

美國醫學會（在經過內部討論之後）：嗯，這無疑是一個很好的構想，我們可以從中賺取不少錢，不過我們有一個問題。為什麼我們需要你和你這家小公司的幫忙？我們可以自行攝製錄影帶，然後擁有一〇〇％的利潤。

筆者：各位知道我們是唯一能夠製作這類產品的廠商嗎？我們已經和這本書各

章節的作者簽署獨家授權，他們只能幫我們製作錄影。我們有別處找不到的人才。

美國醫學會（在一臉驚訝，並經過內部討論之後）：這個提案聽起來很棒，就五五分帳吧，我們會請律師草擬一份合約。

錄影帶上市後的前四個月，我們就幾乎立即獲得四〇〇%的投資報酬率了，而我們總共獲得的報酬，是原始投資金額的一五〇〇%。能獲得這令人眼睛爲之一亮的成果，關鍵便在於我們讓對方知道，我們是製作這套錄影帶的唯一人選，因爲我們已經和所有相關人才簽訂獨家授權。一旦完成這項基礎工作，便相當容易提出「你知道只有我們能提供這項商品嗎？」並協商出對自己相當有利的條件。

在經營過程中，我們不斷努力製作與眾不同的商品。我們是唯一訓練專家證人作證技巧的獨立律師；只有我們公司爲醫師舉辦大型的非臨床職涯規畫研討會（也就是針對不想繼續看診，想從事其他工作的醫師，例如轉往藥廠或保險公司發展）；我們是唯一提供專家證人一對一諮詢的律師。這項問題該怎麼運用，其實很清楚：如果你希望自己能收取高價，協商前便得先自我定位，讓自己成爲某項產品或服務的唯一來源，再透過「你知道只有我們能提供這項商品嗎？」將這項訊息傳達給對方。

問題　你知道只有我們能提供這項商品嗎？

怎麼運用

將自己定位為唯一來源，並問：「你知道只有我們能提供這項產品／服務嗎？」可以為你帶來絕佳的協商結果，讓你可以為你的產品或服務，爭取到極佳的價格。

怎麼回應

主要有兩種方式可以回應這個問題。第一種方式是，質疑對方是唯一來源這項說法。例如：「你不是唯一來源，你並沒有和各章節共同作者簽約，而我們正好可以請這些作者來攝製錄影帶。」

當對方的確是唯一來源時，採取第二種回應方式最為恰當。以上述狀況為例，你必須採取能夠降低對方優勢的方式。最好的方法便是，強調你並非真的需要他們銷售的商品，例如：「或許真是如你所說，但是這沒有改變我並非真的需要你們商品的這個事實，因為你的獨家授權只包含錄影帶，而我們可以請這些章節的作者，幫我們製作光碟片或是『如何使用』的書。」

問題18 你有什麼備案？

這是一個很好的問題，幾乎任何協商場合都適用。有最佳備案的一方，通常會在協商過程中擁有最多優勢，因爲他們不需要交涉，他們有其他選擇。這個問題好就好在，能迫使你的協商對象說出他們的備案。如果對方沒有備案，你將居於非常有利的談判地位。即便對方說出他的備案，問這個問題還是有助於推動協商，並讓你可以提出一些說詞來反駁這些備案。

如果你可以判斷對方除了你，其實沒有其他備案，這會是非常重要的資訊：

- 對方手邊的選項或備案愈少，你在這場協商中取得的優勢便愈大。
- 你的協商對象還沒找到備案（但是你可能知道會有），往往顯示他正面臨迫切的時間壓力，得趕緊達成協議。
- 你可能已經完全居於主導地位，可以全然掌控這場協商，開出你要的價碼。

當你可以判斷自己其實是對方唯一的選擇時，你就成了唯一來源，許多傳統的協商規則便不再適用了。

一旦被定位在那令人羨慕的唯一來源，你接下來該問自己的問題是：

■ 對方有多需要你？
■ 涉及的金額有多大？例如，如果對方無法和你達成共識，他們將會損失多少？
■ 你願意投入多大力氣施壓，並冒著他們可能掉頭離開的風險？

被問到「你有什麼備案？」的人，心裡則會閃過以下的想法：

■ 我不願承認自己沒有備案。
■ 如果我假裝自己有備案，對方可能會追問相關細節，而我將無法回答。如此一來，我的誠信與正直便會受到質疑。
■ 如果我生對方的氣，他可能會要求更加無理的價格，或可能乾脆不要這筆生意了。
■ 萬一這個唯一的潛在來源掉頭離開，我承擔不起。
■ 我最好還是承認我沒有備案，並充分利用這一點。

如果懂得問「你有什麼備案?」而且可以獲得誠實的回答，那麼將大大改變協商結果。我們來看看以下幾個例子。

有一家與我們有生意往來的醫療服務公司，獲利一直平平。有一天，業主接到某全國性企業打來的電話，探詢出售公司的相關事宜。儘管他急於想要賣掉他的公司，卻也不禁納悶這家大型的全國性企業，怎麼會對他的小公司感興趣?他無法得知原因，於是問對方:「你有什麼備案?」對方坦承他們沒有備案，這個答案令他既高興又驚訝。他還得知，這家全國性企業突然對他公司感到興趣，眞正的原因原來是想立即在該州開設一家分公司，而他們是唯一擁有該企業所需執照的公司。在了解原委之後，小公司的業主得以談成這筆交易，價格是其他類似公司平均售價的五倍。

以下是我們公司的眞實例子。一位著名的辯護律師打電話給我們，請我們以專家證人的身分出庭幫某個案子作證。以下是討論的過程:

律師：我們希望聘請你擔任專家證人，出庭幫一個與德州〈勞工賠償法〉合法性相關的案子作證。

筆者：很高興接到你的提議，但是我不得不婉拒，因為我不曾以專家的身分出庭作證，而且我的法律事務很忙，再加上還有其他公司事務要處理。

律師：這個案子很重要，我們真的希望能由你出庭作證。

筆者：我並非有意要為難你，但是為什麼你不從其他一萬多名擅長勞工賠償的律師中，另外找一位呢？

律師：呃，基於你在這領域的成就，我們希望能由你出庭。

筆者：你有什麼備案？

律師：呃，事實上，你是我們唯一的人選，因為你是唯一一位，寫過和這個法案內容相關書籍的律師。

筆者：我真的很忙，這個案子涉及的金額有多大？

律師：呃，這場訴訟實際涉及的金額高達數十億美元，委託人給我們一張空白支票，要我們聘請國內、甚至全球最好的專家。我們目前已經找到二十二名專家了。

筆者：你目前為止付給專家的最高價格是多少？

律師：一小時五百元，不過他是國際知名專家。

筆者：如果你願意付我每小時五百美元，時間從我離開麻州法爾茅斯（Falmouth）家門、直到我回來為止，我就接受。

律師：你希望的預付費用是多少？

筆者：一萬美元。

律師：我會把支票快遞過去。

結果，問「你有什麼備案？」讓巴畢茨基得以從這場協商中，賺到他女兒上私立大學兩年所需的學費及食宿費。

以下是另一個我們實際遇到的個案。多年前，我們正在拓展事業，想要聘請一名剛從商學研究所畢業的畢業生。這位畢業生令我們印象深刻，因此我們盡量在負擔得起的範圍內，給他優渥的薪資，但他對於我們提供的薪資相當失望。以下逐字逐句記錄了這場薪資協商，整個過程不到一分鐘，結果我們並沒有多付一毛錢。

雇主：我們一年付你五萬美元的薪資。

應徵者（用力皺眉）：呃，那真的、真的很低……你知道我有企業管理碩士學位吧？我可以讓你看看統計數據，商學研究所畢業生離開學校第一年的平均薪資是九萬美元。

雇主：如果有人付你九萬美元，我建議你就接受了。你有什麼備案？

應徵者（停頓了四、五秒）：沒有。

那名應徵者隔天便打來接受這份職務。「你有什麼備案？」不僅突顯他薄弱的談判立場，讓場這場協商快速定案，也讓他會選擇接受眼前這份工作，顯得一點也不奇怪。

在結束這個問題之前，讓我們來談談，如果你的協商對象回答他們有其他選項，你該如何回應。對方也許是在虛張聲勢，也或許是眞的。無論如何，你都不會因爲問這個問題而有任何損失。當對方回答他們有其他選項時，你可以進一步探詢，或讓對方知道你有什麼其他選項，藉此予以回擊。以上面那個例子爲例，看看當那名應徵者表示他有其他選項時，情況會是如何。

雇主：我們一年付你五萬美元的薪資。

應徵者（用力皺眉）：呃，那真的、真的很低……你知道我有企業管理碩士學位吧？我可以讓你看看統計數據，商學研究所畢業生離開學校第一年的平均薪資是九萬美元。

雇主：如果有人付你九萬美元，我建議你就接受了。你有什麼備案？

應徵者（停頓了四、五秒）：我正在找。

雇主：很好，祝你一切順利。我們會幫你保留這個職務二十四小時，如果這段時間內我們沒有接到你的回應，那麼我們將會聘請其他同樣符合我們條件的面試者。謝謝你過來。

在這個例子裡，雇主清楚說明他自己的備案，藉以回擊應徵者那個模糊的備案。問「你有什麼備案？」不僅能推動協商快速前進，還能幫你建立協商優勢。

問題 你有什麼備案？

怎麼運用

無論是哪一種協商場合，問「你有什麼備案？」都是很好的問題。你可能會發現，你的協商對象沒有任何備案，而你是唯一來源。若真是如此，你便處於主導地位。即便對方表示有其他備案，這個問題仍有助於推動協商前進，讓對方透露重要資訊。此外，這還會讓你有機會表達自己的備案，藉以建立你在協商中的優勢。

怎麼回應

你可以採取幾種不同的方式，來回應這個問題。最常見的是如前所述，用模糊的答案應對，例如：「我手邊還有好幾個備案可選」等回答。這類回答的優點是，不明確向對方承認你沒有可行的備案。只不過，未能明確說明你的備案，將因而讓自己顯得不那麼可靠。

另一種回應之道是事先做好準備，清楚列出你手邊更具吸引力的備案。例如：「目前有一份工作願意付我八萬美元。」要採取這種方式回應，必須事先努力做準備，如果你能讓對方深信你的說辭，便能大幅提升自己的協商優勢。

問題19 你要不要我推薦別人給你？

你在協商中擁有愈多力量，便愈能處於優勢地位。贏得協商優勢的方法之一，便是讓對方覺得你相當搶手，並不急著爭取這筆生意。問「你要不要我推薦別人給你？」便是讓對方留下這種印象的一種簡單方法。這個問題的弦外之音直接又有力：「我不需要你這筆生意，我是最好的人選，除非你改變你的態度，否則我可會拂袖而去。」在適當的時機問「你要不要我推薦別人給你？」可以產生極大效果，幫你爭取到更優惠的條款。

當協商遇到僵局，而協商對象對你開的價格猶豫不決，或是給你一個低價，而且無意提高時，最適合問這個問題。在這個時候問「你要不要我推薦別人給你？」不僅能拉高態勢，也挑戰你協商對象的地位。這個問題之所會有效，原因包括：

- 你認爲你的協商對象是在虛張聲勢，也清楚他知道你已經準備好，有實力掉頭離開談判桌。

■ 如果你的協商對象想要和你達成協議，他必須重新評估自己的期望與態度。

■ 你散發出無比的自信，因爲你顯然不只願意離開談判桌，還願意推薦其他人選，一位想必是競爭對手的人選。

運用這個問題之前，你得先讓自己成爲你產品或服務的優質供應商，並讓這樣的聲譽廣爲傳播。要想發揮「你要不要我推薦別人給你？」的效力，便要讓你的協商對象相信，你提供的服務在某些方面是有其獨特價值的。要將自己定位在可以運用這個問題的位置上，你必須努力找出你產品或服務的利基，並建立起領先業界或擁有獨特價值的聲譽。

要知道，問「你要不要我推薦別人給你？」這個問題是一個有點冒險的。在許多情況下，你的協商對象或許非常願意接受你的提議。因此，當對方提出一個你認爲可以接受、但還不是那麼理想的價格，或是你的協商對象還在四處找尋適合的產品或服務時，虛張聲勢地問這個問題，可能會造成反效果，失去做這筆生意的機會。

如前所述，最適合問這個問題的時機是，當你事先判斷你的協商對象已經認定你的聲譽與價值時。而了解這一點的最好方法，便是在協商一開始問對方是從哪裡知道你的（請參考問題一）。如果你得知對方是因爲別人推薦以及你的聲譽，而前來和你接洽，你便可以於必要時提出「你要不要我推薦別人給你？」這個問題。反之，如果你的協商對象只是拿起電話，逐一打給電話簿上的廠商，問這個問題便可能產生反效果，因爲對方並非因爲你的聲譽找上門的，他只是隨處問問，他可能在意價格更勝於品質。

問這個問題你得冒的風險是，你的協商對象會說：好吧，你推薦誰呢？因此，你得準備好一、兩個人選。給對方這樣的推薦，通常不該被視爲是你的失敗，如果對方提出的條件對你並無任何經濟效益，放棄通常會比接受更爲明智。同樣地，如果你的協商對象看來是個麻煩製造者，或是一個難以相處的人，推薦別人可能更符合你的利益。

問「你要不要我推薦別人給你？」的最後一項優勢是，可以讓你贏得你其中一位競爭對手的心。推薦對你而言不具經濟效益的生意給競爭對手，可能是明智的作法，這是因爲你的競爭對手於未來遇到不符他們經營模式，或是忙到無法承接或因爲利益衝突而無法承接的生意時，通常也會對你投桃報李。

聽你建議的那個協商對象，通常不會告訴你的競爭對手，他是從哪裡知道他們的。因此，當你推薦生意給競爭對手時，最好親自讓被推薦的那個人知道，只要打個電話或發封電子郵件即可。

每當有客戶想請我們提供訓練或諮詢服務，我們常常於協商過程中問「你要不要我推薦別人給你？」這個問題。我們可以這麼問的原因之一是，我們非常努力在一個範圍狹小、競爭對手不多的利基市場上，建構一流的聲譽。以下是協商過程常見的演變狀況，請留意我們一開始如何了解，此時是否適合問「你要不要我推薦別人給你？」這個問題。

組織：我們想要請你們幫我們公司進行為期兩天的訓練課程，你可以給我們什麼樣的價格呢？

筆者：你是從哪裡知道我們的？

組織：我們董事推薦了三個選擇給董事會，他們看過你們的活動，留下極為深刻的印象。

筆者：容我先問幾個問題：訓練的地點與時間、訓練的主題、預計多少人將出席，以及貴公司打算向每名學員收取多少學費？

組織：我們預定在四月十五日，於加州那帕谷（Napa Valley）舉行，主題是作證技巧。我們希望能有一百五十位學員報名，每名學員的報名費為兩百美元。

筆者：一萬五千美元，這是包含我們的旅費，以及給每位學員的手冊等在內的一切費用。

組織：那超出我們的預算許多，我們打算將費用控制在二千五百美元以內。

筆者：了解。你要不要我推薦別人給你？或許加州當地的律師可以滿足你們的需求，我手邊有一位住在灣區（Bay Area）附近的人選可以推薦給你。

組織：你可知道那帕谷的春天有多迷人？旅館也有很棒的溫泉浴池，你的另一半肯定會喜歡。此外，貴公司將有極大的曝光機會，因為我們好幾位董事都是重要的人物。

筆者：嗯，這聽起來很動人，但是我們在提供訓練時，向來是全心全力投入，我們要做準備、做研究。此外，往返東西兩岸將耗去我們整整兩天的時間。如果你願意，我可以幫你問問，加州附近可能有人願意在你們的預算內提供訓練服務。無論如何，很高興……

組織：等等，我們先別急著決定，我再回你電話。

兩個小時後：好消息。我們打算將報名費提高到三百美元，如此一來，一萬五千美元便不是問題了。

當然，有時候我們的協商對象會接受我們推薦的人選。以下是這種協商狀況演變的過程：

潛在顧客：我參加過幾場你們舉辦的課程，希望有機會能邀請你成為我們的顧問，你能告訴我你的費用嗎？

筆者：我們一小時收費五百美元，或是依工作的性質，收取一筆固定費用。

潛在顧客：那費用相當昂貴，我的預算只有一千五百美元。

筆者：你要不要我推薦別人給你？

潛在顧客：那太好了。

筆者：試試聯絡米奇·唐納文（Mickey Donovan），電話是五五五五五五一二三四，他的收費比我們便宜許多。

潛在顧客：謝謝！

即使我們失去了這筆生意，在這種情況下問「你要不要我推薦別人給你？」仍是正確的。首先，這個問題給我們一個提高協商地位的機會，很多時候，對方就在我們問了這個問題之後，便同意我們開出的條件。上述例子並非如此，卻也讓我們能夠快速了解，對方是一個想以一千五百美元的價格，買到價值七千五百美元服務的人。這麼大的差距是無法透過協商解決的，因此，我們最好盡早放手讓這名客戶離去。我們不僅放棄這筆生意，還在這位客戶心中留下正面的印象。我們事後發了一封電子郵件給競爭對手米奇·唐納文，告訴他我們推薦他，因此，我們還得以在競爭對手心中留下良好的聲譽。總的說來，問「你要不要我推薦別人給你？」對我們本身來說，並沒有造成任何損失。

問題

你要不要我推薦別人給你？

怎麼運用

「你要不要我推薦別人給你？」這個問題，可以大幅拉高你的協商地位，讓你看起來像是準備要放棄協商。但是問這個問題並非沒有風險，風險便是對方可能會接受你的提議，然後離開。因此問「你要不要我推薦別人給你？」的最佳時機是，當雙方條件差異很大（未能成交損失並不大），或當你擁有良好聲譽（因此拿你的價格和競爭對手比較，等於是拿蘋果去比橘子），以及當你的聲譽顯然是對方主要的考量時（他們並非只是在找尋最低價格）。

怎麼回應

這個問題的答案應該是，「我真的希望能和你達成協議，但我也感謝你能提供推薦人選。」這個答案避開給對方一個絕對的「不」，那只會削弱你的協商地位，但在某種程度上，卻也不是無條件地表示「好」。如此回答，會讓你得以繼續和問這個問題的人協商下去。

問題20 如果這次談得成，你想我們未來會帶給你多少生意？

當看來彼此在未來確實存在源源不絕的生意機會，就經常會改變協商的互動態勢。問這個問題的目的，是要讓你的協商對象攤開手上掌握的未來潛在商機，而了解這些資訊，將能大大增加你的協商優勢。

比起只光顧一次的顧客，多次惠顧的顧客能帶來的價值更爲巨大。如果你一次能從你的協商對象身上，賺到一萬美元的利潤，又如果你能讓這段關係持續下去，成爲一年一次的關係，十年下來，你將能從這名顧客身上賺到十萬美元。

問這個問題等於在強烈暗示，你可能成爲對方的長期客戶。當你問：「如果這次談得成，你想我們未來會帶給你多少生意？」你的協商對象可能會：

■ 開始在腦袋裡計算。例如：每年三筆交易×五年×每筆交易一萬五千美元＝二百二十五萬美元。這顯然提升了這場協商的價值，和原先可能失去一萬五千美元相比，如今他會失去的可是二百二十五萬美元。

■ 開始考慮給你更多優惠，增加獲得第一筆交易的機會。

■ 開始構思一個「故事」，好向主管解釋為什麼在第一筆交易的協商過程中，就要做出這麼大的退讓。

■ 考慮賠本做成第一筆生意。如果這麼做可以吸引到一位長期的新顧客，可能是值得的。

這個問題的弦外之音相當清楚，目的就是：如果我們無法達成協議，就不會有其他生意可言，而你也將失去未來做我生意的機會。這個問題好就好在，可以在許多不同的協商情況中運用，而且不會造成任何實質傷害。你的協商對象可能會設法鎖定你承諾的未來生意，但是你只需要客氣地表示：「我們稍後再來談未來吧，我想先看看這筆訂單你們的表現。」如此便可以四兩撥千斤地撥開對方的企圖。

以未來生意的可能性作爲籌碼來吸引協商對象，是一種相當簡單的方法，可用以增加你自己的協商優勢，以及爲自己爭取更好條件。我們在許多協商場合都曾運用過這項技巧，例如，多年前和一名獨立的網頁設計師協商時，當時整個過程大致如下：

筆者：我們希望你能幫我們一位專家證人客戶，設計一個簡單的網站，讓他們能夠向有意願聘雇他們的律師們宣傳。

設計師：我很高興能和貴公司合作。一個簡單、不含特殊技術的網站，價格是五千美元。

筆者：這個價格超出我們的預算。

設計師：我其實不是真的想接這類比較小的案子，因為會花去我許多時間，而客戶也可能相當挑剔。四千美元或許是……

筆者：我想你應該知道，我們有一千三百名專家證人客戶，其中很多人都會想要架網站。只要我們能找到可以提供優質作品的人合作，我們將會向這一千三百名專家推薦。你想想，如果我們這次可以談成，未來彼此可以合作的生意會有多大？你是獨立的網頁設計師，你想想自己能成功爭取到多少新生意？

設計師：好的，我接受，三千美元是我的底線。你多快會決定介紹其他一千三百位客戶給我？

向網頁設計師暗示未來還可能會有其他案子（絕不要做出確切的承諾），我們讓他整整降價四〇%。這就是這個簡單、吸引人、不冒犯、也不會引起反彈的問題，直接帶來的結果。

問題

如果這次談得成，你想我們未來會帶給你多少生意？

怎麼運用

「如果這次談得成，你想我們未來會帶給你多少生意？」是一個有力、又幾乎沒有風險的問題，因為與你協商的那些「飢渴」的生意人，多半很難抵擋未來可能的生意這項誘因。

怎麼回應

回應這個問題最好的方法就是，試著爭取穩固的協議，讓它成為長期交易。例如你可以說：「如果你同意簽下三年期的合約，那麼我可以給你五%的折扣。」如果可以成功爭取到為期數年的生意，你便會有頗為豐富的收穫。可惜，經驗老到的協商者通常不會同意綁在長期合約裡，不過，這種回應方式還是值得一試。

另一種回應這個問題的方法是，讓對方知道你對長期往來非常感興趣，卻不會因此興奮過了頭。這類的回應可能是：「呃，我們當然想要維繫長期又有利潤空間的商業關係，不過每筆生意的報酬，都得符合我們投入的時間與精力。我們來找出雙贏的解決之道，期盼我們未來可以長久合作。」這類回應方式的觀念是，你雖然想建立長期關係，但同時點出你並不急，而且想要獲得公平的報酬。

問題21 你知不知道……？（暗示資金吃緊）

協商過程中，暗示自己無法做某些事，往往會比向對方表示你不做某些事，要簡單得多。喊窮是非常有效的協商技巧，問「你知不知道我們沒有那麼多錢？」等類似的問題，是一種簡單又有效的方式，可以在你購買東西的過程中，讓對方知道你付不起他提出的價格，從而爭取到比較好的優惠。

如果你是買家，試圖讓對方降低價格，問「你知不知道我們的預算有限？」最適當不過了。這個問題的弦外之音很簡單：主要考量是錢。價格是一大問題，即使我想接受你提出的價格，很可能還是沒辦法，我就是沒有那麼多錢。

問這個問題的風險很低。只有在一種情況下你不應該問這個問題，問的風險會非常大，那就是當你要求賣家借你錢作爲交易的一部分時。在這種情況下，喊窮會引起反效果，因爲你會讓自己看起來沒有什麼信用。

「你知不知道……？」這個問題有許多好處。首先，這個問題將焦點放在你付款的能力，而不是討論中的那項產品。這會讓協商比較沒有火藥味，因爲你不是在質疑或批評協商對象的商品。

問這個問題的另一大好處是，會給你迴旋空間。我們的意思是，問「你知不知道我們這一年來有多辛苦？」時，你等於在強烈暗示、但不是斬釘截鐵地表示：錢不好賺，你需要非常優惠的條件。問這個問題，不會把自己逼到一個可能導致協商失敗收場的死角。不過如果你用相當不具彈性的方法喊窮，例如：「錢很難賺，我們最多只能支付一千美元，多一毛都不行。」這樣的話，你很容易將自己逼到沒有迴旋空間的死角。

如果問得適當，這個問題的最後一項好處是，會讓協商對你心生同情。你的協商對象是人，他們自然而然會願意把最好的優惠，給他們喜歡以及同情的人。

想想你的協商對象可能會怎麼想。當被問及「你知不知道我丈夫剛剛失業？」時，他可能會下這樣一個結論：由於你負擔不起，最好能給你一個好價格。如果他起了貪婪之心、開價太高，或許便會錯失這筆生意，落得什麼都沒有，因爲你要不是非常在意價格，就是眞的沒有那麼多錢付高價。

問「你知不知道股市剛剛跌掉四○%的市值？」這個問題的最佳時機，就是在協商一開始，或是雙方對價格開始出現歧見時。在協商一開始先發制人提出這個問題，可以相當有效地降低對方心裡的期望。而於價格出現爭議時問這個問題，則有助於打破可能的僵局，讓對方提出對你比較有利的價格。

我們曾於生活上及事業上，多次運用這類問題爲自己爭取優勢。二〇〇八年秋，我們想請一名電腦程式設計師，負責我們資訊科技方面的工作。我們收到一份三萬五千美元的報價，但是我們的預算只有一萬美元。這份報價超出我們的預算甚多，我們決定不砍價，直接尋找報價在我們價格範圍內的其他人選。我們禮貌性地打了一通電話給那名程式設計師，並沒有打算殺他的價。以下是通話過程：

筆者：謝謝你的報價，我剛剛忙完手邊的事，我想應該打個電話給你。我相信你是一流的程式設計師，只是你開出的價格超出我們的預算範圍甚多，我們只好找其他比較便宜一點的人來做。

程式設計師：你們從事這一行已經三十年了，而且你們兩位都是律師，卻付不起這個價格？

筆者：你知不知道我們的生意因為這次經濟衰退，下滑了五〇%？我們的主要業務是訓練與諮詢，可是大多數企業都嚴格限制差旅、進修教育與諮詢的預算，這對我們無疑是三重打擊。

程式設計師：真抱歉，我不清楚這種情況。祝你們一切順利。

一個星期後，這名程式設計師打電話來，同意以一萬美元的預算幫我們完成精簡版的工作。部分是因爲我們同意將工作內容限縮在一些基本要素，部分則是因爲該名程式設計師體認到，我們眞的付不起他原先開的價格，因此雙方最後才得以達成協議。問「你知不知道我們的生意因爲這次經濟衰退，下滑了五〇%？」立即改變這場協商的氣氛與方向。

這個技巧非常有效，你甚至可以運用到你想都沒想過的公用事業等公司身上。筆者最近便成功利用這個問題，和電信公司協商家用電話事宜：

筆者：你好，我是你們的用戶，我打電話來是想看看你們有沒有任何比較優惠的費率？我正在考慮不用家用電話，改用行動電話。

電信公司：先生，你應該好好考慮過之後再決定。你可能會漏接許多來電，如果手機沒電，你甚至接不到任何一通電話。再說，你還要有一支備用電話以防萬一。

筆者：嗯，我是想保留家用電話，但是費用是一大問題。你知不知道我太太在銀行上班？她是我們家負責賺錢的人，可是他們銀行一星期就裁掉好幾萬人，我們非常非常擔心她的飯碗快要不保，所以想盡量省點錢。

電信公司：我看看我們有沒有什麼優惠或促銷活動，可以幫得上忙。喔，有了，未來一年你的帳單可以少付二十美元，這項優惠怎麼樣？

筆者：很好啊，就這麼辦吧。

我們也曾經使用這項技巧來應付房東。過去三十年來，房租年年漲價，沒有例外。最近我們想要續約，於是寄了一封電子郵件給房東，上頭寫著：

巴布你好：

你知不知道我們的生意因為這次經濟衰退，下滑了五〇％？我們正在找尋其他地方落腳，希望能省一點錢。新的租約你能降多少租金給我們？

後來我們收到一份新的租約，第一年的租金減少，第二、三年的租金維持不變。這個問題傳達的訊息非常有力，租金一直漲我們受不了，我們沒有這筆預算，先發制人地問「你知不知道我們的生意因爲這次經濟衰退，下滑了五〇％？」這個問題，爲這場協商定了調，不僅阻止房東調漲租金，甚至還幫我們爭取到租金調降的好處。

問題 你知不知道⋯⋯？（暗示資金吃緊）

怎麼運用

要讓對方知道你沒有能力支付他開出的高價，喊窮可能是一個有效的方法。問「你知不知道⋯⋯？（暗示資金相當吃緊）」是非常有效又低風險的方法，當你購買某項產品或服務，它可以幫你爭取到對自己有利的價格。這個問題在生活上及事業上的協商同樣有效，會讓你的協商對象覺得，如果自己的價格不夠彈性，是不是可能會失去這筆生意。

怎麼回應

回應這個問題的一個好方法便是，指出你提供的產品或服務，正好能幫對方省錢或賺錢。例如：「很遺憾聽到你這麼說，但好消息是，你更有理由參加我們的課程，這課程會讓你成為每小時賺五百美元的專家證人。」

另一項回應這個問題的方法則是扭轉局勢，讓對方知道你的成本也增加了。你要傳達的訊息很簡單：我很想幫你，但我幫不上忙，我自己的成本結構讓我無法幫上忙。例如：「是的，我感同身受，不過由於我們的健康保險費增加、稅金增加，我們今年的成本也會跟著增加。我真的希望自己有餘力幫得上忙。」

問題22 你知不知道你競爭對手的價格比較低？

買家手上擁有最強勢的優勢，就是買家可以選擇向協商對象的競爭對手購買。如果真是如此，賣家便失去了你這筆生意。問「你知不知道你競爭對手的價格比較低？」是一種簡單、禮貌、低風險、又相當可靠的方法，含蓄地威脅要轉去和賣家的競爭對手往來，藉以從賣家手上爭取到最低的價格。

「你知不知道你競爭對手的價格比較低？」的弦外之音既清楚、又強而有力，那就是：我做了功課，我發現你競爭對手的價格更好。如果你的價格沒有低過競爭對手，或至少一樣，我會選擇和你的競爭對手往來，你就沒那麼好運了。

如果你要運用「你知不知道你競爭對手的價格比較低？」以下幾點建議告訴你，怎麼問、什麼時候問會最有效。首先，你應該先做好功課，四處探詢價格。盡量多探詢幾家價格合理的廠商，至少三家。然後決定你想要和哪一家廠商往來（撇開價格因素），例如你喜歡他們的服務，或是他們的地點很便利。接著，回到原先那家廠商開始談價格，如果你爭取到比競爭對手更優惠的價格，就要盡可能再繼續壓低，然後接受。不過如果賣家堅持的價格，依舊比他的競爭對手高，你就可以問：「你知不知道你競爭對手的價格比較低？」

只要別在協商過程中太早提出，問「你知不知道你競爭對手的價格比較低？」的風險很低（以下我們將進一步討論）。最糟的情況不過就是遇到賣家表示，他的價格無法再低，他可能會以某種方式表示，你是拿蘋果來跟橘子相比，他的產品、服務或品牌和他的競爭對手是不一樣的。如果賣家以蘋果比橘子來爲自己辯護，別客氣，再次強調你是有選擇性的。暗示、可信地威脅要轉去和競爭對手往來，效果通常極佳。例如：

買家：你知不知道你競爭對手的價格比較低？

賣家：呃，我們的服務水準是無法相提並論的，我們從事這一行已經三十年了，而他們才剛剛開始。

買家：所以你無法給我比對方更好的價格了？

賣家：我沒有這麼說，我們當然願意。我們提供更好的服務及低廉的價格，那是我們的價值主張。

「你知不知道你競爭對手的價格比較低？」是一個非常好的問題，因爲它會讓你的協商對象置於極其爲難的處境。被問及這個問題的賣家，除非願意冒著失去生意這種嚴重風險，才會拒絕降價格以和對手競爭。如果賣家可以讓自己價格符合或低於競爭對手的價格，他通常會選擇這麼做。如果賣家不能或不願意降價，你依舊保有和提供較低價廠商往來的選項。我們時常運用這項基礎協商技巧與問題，成果極爲豐碩。以下舉幾個實例。

多年前，筆者幫一位上了年紀的舅舅購買新車。我們四處逛，我舅舅挑了一輛他喜歡的車款與配備。我打電話給他住家附近方圓五十哩內的六、七家經銷商，一一詢問他們該款車與配備的售價。這大約花去我們一小時的時間。有了這幾家經銷商的報價，我們走進離我舅舅家不遠的一家經銷商（爲了方便，他很希望在那裡買車）。以下是協商過程：

筆者：你們開價多少？

業務員：我們可以賣你二萬二千五百美元。

筆者：哇，比我預期得還高，二萬一千八百美元可以嗎？

業務員：這樣吧，我賣你二萬二千四百美元吧。

筆者：你知不知道附近有一家經銷商，開價二萬一千九百九十九？

業務員：好，我給你更好的價格，謝謝你提醒。二萬一千九百九十八美元怎麼樣？

筆者：成交！

請注意到，我們一直等待，直到該名業務員給我們一個報價，而且我們在告知競爭對手的價格之前，先試著和他協商。這麼做的原因很簡單：不要太早讓對方知道你的底牌。如果業務員一開始開的價格，就比他的競爭對手更低，怎麼辦？例如，開價二萬一千八百九十九美元？如果業務員的開價，的確比你手邊問到的價格還低，你還是可以試著協商，但是千萬別提及你問到的這些更高的價格。例如：

筆者：你們開價多少？

業務員：我們可以賣你二萬一千八百九十九美元。

筆者：你的報價有多少議價空間？

業務員：不多。

筆者：如果你接受二萬一千六百九十九美元，我們就買了。

業務員：我們最低可以給你二萬一千七百九十九美元。

筆者：成交！

由於沒有太早掀開自己的底牌，我們才能談定車價，比原先報價還低二百美元。

把自己最有利的選項攤開之後，你就再也不能獲得比那更好的價格了。因此，除非你在協商價格的過程中陷入僵局，否則不應該公開競爭對手的價格。

再看看另一個不要太早掀開自己的底牌的小例子。不久前，筆者想要從前門到私人車道，鋪一道磚砌走道，於是請廠商報價。第一家廠商報價九千美元，我們打電話問第二家廠商。和第二家廠商通電話時，我們絕口不提第一家廠商的報價，第二家廠商開價四千二百美元。如果我們貿然問第二家廠商，知不知道第一家廠商開價九千美元的話，第二家廠商的報價便可能高於四千二百美元，因爲屆時他就會清楚我們的另一個選擇是什麼。

我們隨時隨地都在運用這項基本協商技巧，無論是在商場上或是在生活上。我們最近協商了一紙金額高達六位數的印刷合約，探詢競爭對手的報價，並拿這些資訊和我們偏好的廠商協商，整整爲我們省下超過二萬五千美元。探詢競爭對手的報價花去我們約二至三小時的時間，換算下來，我們每投入一小時便約可省下一萬美元，可以說是相當令人滿意的績效了。

不過，如果你的競爭對手真的可以用較低的價格，提供相同的服務，你最好的回應方式應該是誠懇地承認這個事實，並設法達成交易。例如：「我很感謝你指出這一點，我們向來努力提供最低價，也很樂意給你比競爭對手更優惠的價格。」當然，這個方法的前提是，你降價之後真的還有利潤空間。

問題

你知不知道你競爭對手的價格比較低？

怎麼運用

先蒐集競爭對手開出的較低價格，再問「你知不知道你競爭對手的價格比較低？」來和賣家協商，這種方法極其有效，通常可以快速、輕鬆地爭取到大幅降價。只要別太早掀開底牌，這個技巧的風險很低。而且，你得事先做功課，才能讓這個問題發揮大的效果。一定要先花時間探詢競爭對手的價格，再開始和你偏好的賣家協商。

怎麼回應

如前所述，回應這個問題最好的方法便是採取可靠的說法，凸顯你和競爭對手的產品或服務有何不同。其實也就是要告訴對方，他們是拿蘋果來和橘子相比。例如：「他們給你的是四汽缸引擎、沒有天窗的報價，這是為什麼他們的價格可以壓得這麼低，而我給你的是六汽缸引擎加天窗的報價。」

回應這個問題的另一種好方法，就是抱持懷疑的態度。你可以問買家是否取得競爭對手的書面報價，告訴他你想看看詳細資訊。如果買家給你書面的詳細資訊，就要仔細研讀，試著從中找出蛛絲馬跡，讓你可以解釋為什麼你賣的東西更具價值、更不一樣。此外，你也可以提出問題質疑競爭對手的報價，讓買家對競爭對手的便宜貨心生不安，藉此表達你的懷疑。例如：「我猜，對方的報價不包含取得執照和施工吧？對方也不是採二乘六的結構吧？」或是：「是的，暖爐用油每加侖是便宜二十美分，但是當你的暖爐在半夜兩點停擺時，供應商可不會跑來幫你修理。」

第六類

把餅做大

能帶來雙贏結果的協商，總是最令人感到滿意。伴隨雙贏協商而來的，往往是長期的互利關係。的確，在許多情況下，如果對方同樣滿意協商結果，對你也會有利得多。原因很簡單，如果對方不滿意，未來便不會想要和你有生意往來，你便必須再度投入寶貴的時間與金錢，去找其他人合作。第六類的問題可以幫你提高雙贏結果的可能性。

問題23 我們要不要一起想辦法把餅做大？

生活與事業的成功，經常是奠基在建立及培養長期互利關係的基礎上。「與其搶這麼小一塊餅，我們要不要一起想辦法把餅做大？」這個問題的目的，是爲了促進彼此建立長期互利的關係。這個問題的弦外之音很簡單，如果我們同意以合作代替對立，對彼此可能都更有利。

在多數情況下，筆者對雙贏協商堅信不移。在這種情況下，雙方對於協商結果都會感到滿意。原因很簡單，如果和我們往來的對象能獲利和滿意，未來他們同樣會願意繼續和我們往來。如果他們不滿，我們遲早得再另覓合作對象。而且，新的合作夥伴不見得能像舊的合作夥伴一樣好，我們便得再繼續投入時間與金錢去尋找和協商，才能找到可以取而代之的對象。如果你想將一場「不是你死就是我亡」的協商，扭轉成雙贏局面，「我們要不要一起想辦法把餅做大？」會是一個很好的問題。

「我們要不要一起想辦法把餅做大？」之所以這麼有效，部分是因爲它的措辭，這類措辭幾乎都讓人很難抗拒。有誰會拒絕把餅做大，或至少試試看該怎麼做？又有誰會反對「交易必須對雙方都有利」這項前提？

事實上，當我們問「我們要不要一起想辦法把餅做大？」時，對方的態度幾乎都是正面的。一旦你的協商對象採取肯定的態度回應這個問題，要找出雙贏之道便容易多了。原因包括以下各點：

- 這場協商不再被視爲是零和遊戲（一方贏、另一方就輸的局面）。
- 彼此開始合作之後，通常更容易坦率地交流資訊。
- 彼此更能坦誠談論彼此的需求、目標、利益與渴望。
- 協商各方更有興趣營造長期、互利的關係。
- 想要讓彼此關係順利進展，雙方都必須眞心希望協商對象眞的成功。
- 努力協助協商對象獲得成功，將使對方更願意履行協議。
- 協商中你死我活的緊張態勢將隨之煙消雲散。
- 彼此會開始聯手尋找具創意的解決方案。
- 彼此將開始產生信任。
- 能夠大大避免陷入僵局。
- 彼此的重點將放在，要如何創造新商機、綜效以及未來的潛在合作機會。
- 對許多協商者而言，聯手解決問題的方式比較不容易引發爭端、壓力比較小，處理起來也比較愉快。

■ 彼此會認爲維繫關係比引發衝突更重要。

當協商陷入泥沼，但雙方還沒到堅持各自立場、不肯妥協的地步之前，是問「我們要不要一起想辦法把餅做大？」的最佳時機。這眞的是一個會讓人心情放鬆的問題，可以快速消彌彼此的緊張，有助於形成長期互利的關係。我們多次靠著這個問題在協商中贏得重大勝利，次數已經不勝枚舉。

例如，回顧一九九〇年代，當時我們正要將事業拓展至網際網路。我們想要建構一個可以下單的線上店面，以及一個內容豐富、更新頻繁、搜尋引擎最佳化、維護得宜，又可以全年無休帶來大量生意的企業網站。我們內部沒有現成人力可以完成這項任務，因此決定聘請相關人才。

我們找了一名非常聰明、剛從頂尖法學院畢業的人選，名叫山迪。山迪這種人才，在大城市以外很難找得到。我們開始和他協商，問題是，如果山迪在大型法律事務所上班，以他的資格足以領六位數的薪資。一方面來說，我們無法支付山迪六位數的薪資，另一方面來說我們認爲，即使山迪接受我們這份薪資不高的工作（我們贏、他輸），一旦他找到薪資更好的工作，或許就會離我們而去。

在來回思索薪資這個問題一段時間之後，我們決定嘗試不同的方法。我們問山迪：「顯然我們得找出雙贏方案，我們要不要一起想辦法把餅做大？」他果眞同意。於是我們解釋，我們了解他的價値、才幹，也了解他出身知名學府又充滿潛力。我們還解釋，我們不是大城市裡那種坐擁金山銀山的法律事務所。接著，我們一起努力就薪資計算方式快速形成共識，亦即，我們會在能力範圍提供山迪一份相稱的薪資，再加上電子商務網站總營業額的特定比例，作爲固定紅利。

這無疑是一項雙贏的協議，也讓彼此感到皆大歡喜。山迪如果眞的可以幫我們提升電子商務的業績，我們當然會非常樂於和他分享這塊更大的餅。當時，我們並沒有答應要給我們負不起的固定薪資，而山迪則認爲，這項協議其實有機會讓他賺得的薪資比在法律事務所還高。我們都知道，山迪會爲此努力提振電子商務網站的營業額。山迪在我們公司服務多年，並讓我們的電子商務業績，從零開始快速向上成長，至今已經占我們整體事業相當重要的比例。

問題

我們要不要一起想辦法把餅做大？

怎麼運用

問「我們要不要一起想辦法把餅做大？」可以將零和的協商局勢，扭轉成尋求共同成功的雙贏局面。任何人都很難抗拒這個問題，協商對象幾乎都會給予正面的回應。一旦你的協商對象認同了共同創造更大商機的想法，就更容易達成讓彼此都有獲利空間的雙贏交易。

怎麼回應

這並不是一個敵對或有陷阱的問題，簡單回以「當然好，你有什麼想法？」是最好的回答。這麼回答的意思是，希望能有具創意的雙贏提議，讓你可以慎重加以考量。

問題24 我們要不要先試一陣子看看？

並非所有協商都是敵對的。的確，許多個人生活上與財務上最重要的協商，對象都是同事、商業夥伴及家庭成員。「反正不會有什麼損失，我們要不要先試一陣子看看？」是一個極佳的問題，許多協商場合皆適用。

「我們要不要先試一陣子看看？」的弦外之音極爲強而有力，也就是：我們是一國的，我只是提出一些我認爲對彼此都可行的事情，如果結果不可行，我們就不要繼續試，試試不會有太大損失的。

「我們要不要先試一陣子看看？」這個問題極爲有效，因爲它幾乎令人無法抗拒。一旦你的協商對象被問及這個問題，他將非常難以回答「不」。原因如下：

- 因爲不會有什麼損失，試試又何妨？
- 試試看結果會如何，有什麼比這麼做更合情合理？
- 發問的人可能是家人、事業夥伴或同事，拒絕如此合乎情理的提議，可能會損害彼此的關係。

■ 你在問題裡暗示，如果試的結果行不通，你將會撤回你的要求。

如果希望這個問題能獲得對方正面的回應，關鍵就在於要提出一個風險不大的提議先試試。這通常包括兩個構面：首先，你的提議要能輕易取消、復原；其次，你的提議不能有高成本、損及商譽或其他無法挽回的風險。

此外，你的提議還應該具備彈性。許多時候，你問「我們要不要先試一陣子看看？」的對象，會提出一些合理的問題，例如可能涉及的風險、試驗協議的條件、試驗協議的時間，以及如何評定成敗等相關考量。你得有心理準備隨時修正提議，以因應對方提出的這類合理考量。

如果你問「我們要不要先試一陣子看看？」的對象給予負面的回應，你通常會追問原因，而對方通常會以嘗試這項提議涉及太多風險來回應你。如果對方眞的這麼說，你必須做好準備去解釋，爲什麼你覺得他所說的風險發生機率不大。讓提議保持彈性，能夠將風險降低，而這也有助於讓對方更願意接受。

「我們要不要先試一陣子看看？」是協商時最有效的問題之一，我們經常運用於公司內部的協商。我們公司是由四位合夥人共同經營，是一個多元化的團隊，各自擁有不同的背景與經驗。不過，我們四位有兩個共通點，就是每個人都有非常強的意志，也都對自己的構想極具自信。經營企業是一門藝術，不是科學，對目標在利基市場的企業而言，更是如此。市面上沒有任何一本書能告訴你相關訊息，而且在許多情況下，我們也沒有任何前例可茲借鏡。這些零零總總加起來，讓經營企業變得極具挑戰，但也很傷腦筋。

當公司內部面臨該怎麼做的抉擇，又沒有前例可循時，我們最有力、又最成功的唯一一項協商問題便是「我們要不要先試一陣子看看？」其中一個應用領域即是新產品開發。決定是否要開發某項新產品時，我們必須權衡潛在的風險與報酬。筆者曾經主張推出一項新服務，請醫師每年支付我們公司一筆費用，而我們則向保險公司推薦這些醫師，由這些醫師負責與醫療檔案審視的相關諮詢工作。以下是協商過程：

筆者：我有一個很好的想法。我認為我們應該開發全國醫療檔案審視顧問名錄（National Directory of Medical File Review Consultants）這類服務，我算過，我們可以一年可以向每名醫師收取三百九十五美元的費用，將他們的資訊放在網路和書面名錄上，再向保險公司推廣。我們可以從中賺取不少營收，這是一項可以長長久久的產品。

反對的合夥人：你上次那個點子花了我們五萬美元，我們還在努力打平。

筆者：這次不一樣。我對我們的顧客做過詳細的調查，他們對全國醫療檔案審視顧問名錄這個想法，反應很熱烈。

反對的合夥人：我不這麼認為，我們過去也曾遇過受訪者在需求評估時展現興趣，真正推行時卻乏人問津的情況。再說，醫師對這種一小時只有一、兩百美元的工作，是不會感興趣的。

筆者：我有將那個價碼納入需求評估中，他們表示願意試試。

反對的合夥人：呃，如果這項醫師顧問工作行不通怎麼辦？那會毀了我們的商譽與品牌。

筆者：我已經想過這個問題了。我們保證讓醫師九個月後便能回收成本，如果他們還是不滿意，我們便將費用退還給他們，他們會有什麼損失？

反對的合夥人：我們還是不認為這個想法可行，直覺這麼告訴我們。

筆者：我們要不要先試一陣子看看，反正不會有什麼損失吧？我可以先推出測試性的行銷活動，如果沒有足夠的醫師參與，我們便將錢退還給他們，忘了這整件事，也不需要投入開發經費，實際建構該名錄的基礎架構。相對地，如果可以獲得我預期中的良好回應，我們便可以投資建構基礎架構。如此一來，我們便有了可以長期帶來營收的長銷產品了。

反對的合夥人：假如你初期費用與前置行銷成本不超過二萬美元，我們便同意進行。

筆者：同意，如果結果不理想，我會第一個喊卡。我們的風險就只是二萬美元，外加每年賺五萬到十萬美元利潤直到永遠的機會。我們給它一個公平的機會吧，看看結果怎麼樣。

由於筆者擬定了一套低風險（許多開發成本可以遞延至產品實際獲得認同之後才發生）、高報酬（年年都能產生營收的產品）事業計畫，因而能在這場協商取得勝利。如果產品無法獲得客戶的認同，整個計畫也可以很容易取消（我們只要將收到的費用退還即可）。在這種情況下，筆者的合夥人幾乎不可能拒絕先試試看的建議。筆者問這個問題也有其好處，因爲測試結果反應非常好。如果沒有問「我們要不要先試一陣子看看？」這項有價值的產品便不可能推出。

最後一項重點是，如果能將「我們要不要先試一陣子看看？」這個問題稍加修飾，對於提供保證退費的賣家，也會相當有效。在這種情況下，這個問題會變成：「有了退費保證，如果你不喜歡，大可以退還，並且全額退費，你不會有什麼損失的，要不要先試試看？」我們支持我們多數產品提供退費保證，原因之一就是，這樣一來，我們就可以非常強而有力地提出這個問題。以下是常見的協商經過：

潛在顧客：我正在考慮加入你們的全國醫療檔案審視顧問名錄，我想了解，一年交三百九十五美元，能為我帶來多少生意？

筆者：我無法確切告訴你這項產品會為你帶來多少收入，這是一項相當新的產品，不同的醫師會有不同的結果。不過我可以告訴你的是，我們保證全額退還已繳的九個月費用。期間如果你覺得不喜歡這項產品，你可以隨時取消、拿回款項，你不會有任何損失的，所以，要不要先試試看？

潛在顧客：好，就試試吧，我想是不會有什麼損失的。

問題 我們要不要先試一陣子看看？

怎麼運用

「反正不會有什麼損失，我們要不要先試一陣子看看？」是一個非常有效的問題，因為它非常合情合理。要讓這個問題有最大的成功機會，你應該提出一套風險真的很低的提議。你的提議要具備彈性，以因應協商對象的合理考量。這個問題最好運用於與同事、事業夥伴及家人協商的狀況。對於提供退費保證的賣家而言，這個問題的改編版（「有了退費保證，如果你不喜歡，大可以退還，並且全額退費，你不會有什麼損失的，要不要先試試看？」）也相當有效。

怎麼回應

同事們最常問這個非常合情合理的問題，回應方式主要有兩種。第一種是同意試試，不過，最好能明確訂定試驗的期間、條件及其他細節。如此一來，每個人對試驗的細節才會有共識。例如：「好吧，我們就來試試這項新產品吧，如果六月一日之前無法找齊二十名醫師加入，這項計畫就算失敗，我們就終止，同意嗎？」

如果你實在無法同意對方試試看的提議，那麼你必須禮貌、但堅決地拒絕。要能拒絕、又不至於危及雙方關係，關鍵便是提出有力又具說服力的理由，讓對方了解，放手一試其實還是會有一些損失。例如：「南西，我無法同意這項嘗試。我們部門裡還有其他三位年輕的媽媽，如果我同意你這麼做，我必得同意讓每個人也這麼做。如此一來，星期五辦公室就會唱空城計。我很抱歉這麼說，不過我恐怕無法同意。」

問題25

假如我們……如何？（拉長合約期、增加訂單）

協商能否成功，關鍵之一是要仔細聆聽，此外，措辭也很重要。「假如……」這個問題的措辭，就非常有效，買家可以利用這個問題了解賣家有多少彈性，幫自己贏得其他寶貴的讓步。這個問題的弦外之音極爲有力：如果你可以給我比較好的條件，我們便可能建立更大規模的長期交易。這個問題之所以有效，原因包括：

- 如果賣家可以給予較慷慨的條件，將可能擴大這項交易的範疇。
- 你並沒有從談判桌上取走任何東西。
- 你的協商對象對於較大規模、較長期的交易會感興趣，這項假設是無庸置疑的。
- 你沒有讓自己承諾其他更多條件。
- 這個問題就好像風向球，目的是要評估你的協商對象感興趣的程度，並獲取寶貴資訊。

「假如我們……如何？」的措辭巧妙，因爲它會吸引你的協商對象，卻沒有讓你自己承諾任何事。例如，當你問對方「假如我們合約簽三年呢？」由於這個問題的措辭，你並不是已經決定簽三年合約了，你只是想知道，如果雙方都同意合約簽三年，條件有沒有可能改變。

暗示你可能可以增加採購量或延長交易期的問題，能讓你處於較強勢的協商地位。協商者握有的最大胡蘿蔔，便是以更多可能的交易來吸引對方，這會讓你成爲更有價值的顧客。爲此，你的協商對象會盡其所能留住你、讓你感到滿意，如果無法留住你，他的損失可大了。

你應該仔細聆聽在你提出「假如我們……如何？」之後，所獲得的回應，因爲其中可能包含非常寶貴的資訊，讓你得知協商對象能在價格上降多低，或是能做出怎麼樣的退讓。例如，如果你問：「假如我們合約簽兩年如何？」而你的協商對象回答：「呃，那麼我們可以給你一個月八十五美元的價格，而不是一個月九十五美元。」如此一來你便可以知道，你的協商對象在每個月八十五美元的情況下仍能獲利，表示價格還有下殺的空間。更好的是，一個月九十五美元嚴格說來並非對方的開價，你大可從一個月八十五美元這個價格開始談。而且必要的話，你還是可以同意較長期的交易，如果這麼做可以幫你爭取到你想要的價格。

當協商在價格等重要條件方面遇到了瓶頸，就是問「假如我們……如何？」的最佳時機。在這種時候問這個問題，幾乎都能促使你的協商對象有條件往前進。以下是我們在不久前運用這個問題的例子：

手提袋經銷商：一千個袋子的話，我可以給你一個十美元，這是我的底線了。

買主：假如我們購買五千個呢？

手提袋經銷商：如果你購買五千個，我可以給你一個八美元，三十天內付款。

買主：我們還是從一千個的量開始談吧，如果成交，我們預期未來幾年內會繼續向你們訂購上千個、甚至超過一萬個袋子。我們和之前的廠商合作時，五年多的時間內便向他們訂購了超過一萬五千個袋子。如果你可以給我一個袋子八美元，我就下單。

手提袋經銷商：如果是一千個袋子，我最低只能給你一個八．五美元。我得支付一定程度的固定備料成本，價格沒辦法再低了。

買主：成交！我期待彼此未來幾年能多多合作。

從上述例子可以看到，暗示「如果能令我滿意，未來會有許多生意可以做」所能獲得的協商優勢與資訊，確實不容忽視。我們從上述例子學到，十美元真的並非如對方所稱的是最低底價，較大訂量和長期關係對賣家而言是相當有價值的，應該善加利用這點。

我們的營運模式鼓勵發展長期關係，這一點爲我們省下許多時間與金錢，也讓我們得已從合作廠商那裡獲得更好的服務與價格，因爲他們不會想失去我們這名顧客。

我們盡量固定在同一間旅館舉辦研討會，就是這個原因。每當對方要我們保證，我們預約的所有客房都會付款（包括我們公司可能用到或可能用不到的），協商總是會陷入僵局。這是絕大多數類似合約的標準條款，但是我們從未簽署這類協議。爲什麼？就是因爲我們善用了長期關係的力量，並在適當的時機問適當的問題：

旅館：很抱歉，我需要你為合約所涵蓋的所有客房做擔保。

筆者：如果發生新流感或經濟衰退等類似的狀況，房間無法住滿，我們會因此要賠償好幾萬美元，你知道嗎？

旅館：先生，我們也要保障自己的權益，那是我們的標準條款，也是這個產業的標準。

筆者：我們沒辦法同意這項條款，這會導致我們雙方無法成交。我們只和了解我們的需求、重視我們企業，並且有興趣和我們維繫長期關係的旅館合作。你們那裡可以上網嗎？

旅館：當然。

筆者：請連上我們的網站，點選「研討會」。你會發現，我們過去十多年來舉辦過的研討會，都一再選擇在同一家旅館舉辦。假如我告訴你，如果你可以將合約中的保證字眼移除，我們將有意願於未來十年都在你們這裡辦活動，為你們旅館創造數百萬美元的商機，你覺得如何？

旅館：你同意簽署十年期的書面合約嗎？

筆者：我沒辦法這麼做。我希望你們能保持積極的心做好你們的工作，而且我不知道十年內、甚至是兩年內，商業環境會如何變遷。不過以我們的營運模式看來，我們傾向重複使用同一間旅館，花在尋找新旅館還有和他們協商的每一分鐘，都代表金錢不斷在流失。我想要的是一個未來幾年都可以回來辦活動的地方，你可以看到我們的過去的狀況。如果你希望我們考慮你的旅館，就寄給我們一份修改過的合約吧。

以增加交易內容的可能性來吸引對方，對我們來說一直都非常有效，我們多半可以使對方將令人不愉快的擔保字眼移除。如果不奏效，我們只需要換一家比較有遠見、比較願意融通的旅館。

問題 假如我們……如何？（拉長合約期、增加訂單）

怎麼運用

拓展交易規模的可能性，可以大大提升你的協商優勢。問「假如我們……如何？」這個問題，是一種簡單的方法，可以幫你從賣家那裡爭取到更低的價格，或是其他更好的條件。這個問題本身措辭謹慎，嚴格說來並沒有要你承諾任何事情。而從「假如我們……如何？」這個問題的答案則可以幫你看出，你可能從賣家那裡額外獲得的退讓幅度。當協商在價格或一些重要條款上遇到瓶頸，便是提出這個問題的最佳時機。

怎麼回應

回答這個問題的最好方法便是，提出你自己的問題，例如：「你願意簽署一份為期十年的合約嗎？」如果對方表示願意，那麼你便應該考慮針對較大交易量，額外給予對方特別而具體的優惠。如果對方回答「不」，那麼你應該給予的回應就要像是：「呃，假如你不願意簽十年期的合約，你保證你們未來的生意都給我們做嗎？」關鍵是，如果對方沒有肯定承諾擴大交易規模，就不要同意給予較低的價格。

第七類　有利價格

價格與付款條件，顯然是許多協商中相當重要的議題。第七類的問題，可以幫你爭取更有利的價格與付款條件。

問題26 議價空間有多少？

於協商過程中發問時，重點並不只在於你**問什麼**，還在於你**怎麼問**，一定要記住這一點。協商中若要有效利用問題，關鍵之一是如何精準表達你的問題。問題表達不當，會令對方漸行漸遠，或不經意將對方逼入死角。反之，問題表達適切，則可以幫助發問者獲取重要資訊，同時引導被問者給予符合預期又有幫助的回應。

經驗豐富的協商者都很清楚，協商時採不同方式詢問定價相關問題，會導致完全不一樣的答案，結果有時候甚至會糟糕許多。例如，如果你問：「價格沒得談嗎？」獲得的答案幾乎都是「是的。」這時，被問者被迫回答「是」或「不是」，沒什麼迂迴空間。筆者的經驗是，當被這類問題逼到一個角落時，被問者通常會選擇錯誤的答案：「是的，不二價。」這種簡單卻負面的回答，會將雙方推到一個難以攻防的協商態勢。發問者可能必須質疑被問者的誠信，才能讓協商繼續進行下去，被問者可能必須承認自己所言不實或說錯了。在這種情況下，要讓協商繼續進行下去，是有其困難度的。

如果問題是這麼問的：「你的價格有沒有議價空間？」還是會再度浮現許多相同的問題。這個問題同樣被認爲是一個是或否的問題，依筆者的經驗，幾乎所有人的答案都會是「沒有」，除非雙方能想出創新之道，否則協商將很難繼續下去。

不過，當發問者是以「議價空間有多少？」來表達問題時，答案一成不變是：「不多。」這正是發問者要的答案，這樣能打開價格這個話題，讓雙方得以開始談談買家可以省下多少錢。「議價空間有多少？」這個問題的目的是：

- 客氣地提醒對方，這是一場協商，是要雙方相互讓步的，因此，爲自己預留迂迴空間是合情合理的作法。
- 將被問者置於窘境，讓他承認他的價格是有彈性的。
- 從對方回答問題時的反應，看出一些蛛絲馬跡。回答時的反應可能有：

A 勉爲其難、

B 斷然回絕、

C 帶著假笑、

D 逃避問題、

E 誠懇坦率、

F 不說實話。

問「議價空間有多少？」的好處之一是，你能從對方的回應中，立即而清楚地得知，他為了要成交，願意投入多少心力。當然，他投入愈多，對你愈有利，因為他不會樂見自己投入這麼多時間與努力，結果交易付之流水。

被問者在思考這個簡單又直接的問題時，過程大致如下所述：

■ 這個問題很正常，應該要回答。
■ 如果說沒有議價空間，可能會讓自己陷入窘境，最後失去這筆生意。
■ 說沒有議價空間是騙人的，會使自己在協商中失去可信度。
■ 如果我給予否定的回應，稍後卻又被迫退讓，我的誠信可能會遭到質疑，進而導致我在協商過程中所說的任何事，都受到質疑。
■ 對於這個簡單又直接的問題，坦承回答就是最安全的回應方式，才不致於讓我放棄太多。

我們曾多次成功運用這個問題。跟所有成功的生意人一樣，我們得為了賺錢而花錢，在我們這一行，這表示要和無數廠商與服務業者協商。沒忘了問「議價空間有多少？」多年來可能幫我們省下了至少五％的開銷，換算下來，這等於是額外創造一筆數十萬美元的利潤。

以下舉一個具體實例。多年前，我們爲了製作教育錄影帶，必須請一家錄影帶製作公司幫我們拍攝與剪接。協商過程如下：

筆者：我想了解你們工作室拍攝錄影帶的價碼，畫面主要是講師的頭部特寫，再加上少數幾張圖片，預計會用到你們工作室兩個八小時的工作天，導演和設備也要請你們提供。

廠商：呃，這要看你想要多少特殊效果。

筆者：我們不是要拍《星際大戰》，我們會有兩到三名專家看著電子提詞機朗讀，腳本頁數大概是四十五頁。這幾位都是專業人士，經驗都很好。你可以給我報個價嗎？還是我要請其他廠商製作？

廠商：我們很不希望在沒有提出書面詳細規格之前就報價，不過依你的需求，五萬美元便能有相當好的品質了。

筆者：我很感謝你的坦誠，我們很希望能和信譽卓越的你們做生意，但是這價格太高了。

廠商：優良的製作品質並不便宜……如果你不太在意品質的話，或許可以找一間製片學校，請幾個工讀學生幫你拍攝製作，那會便宜很多。

筆者：議價空間有多少？

廠商：不多……我們有固定成本，還得付員工薪資等費用。

筆者：你說空間不多，究竟是多少？

廠商：我可以……我看看……就打個八五折吧，如果我們時間可以配合的話，如何？

問「議價空間有多少？」這個簡單的問題，讓我們的盈餘立即增加七千五百美元。花三秒問一個問題的成果還不錯。幾年下來，我們靠著這個簡單、措辭巧妙的問題，省下了不少錢。

以下是另一個有趣的例子。在決定把這本書交給哪家出版社出版時，我們和幾名來自不同出版社、對這本書感興趣的編輯討論。我們在一場會議裡很開心地聽到，其中一名編輯已經開始運用我們書裡所介紹的問題，而且還挺成功呢。我們問她是在什麼情況下問了哪一個問題，她回答：「『議價空間有多少？』，我用這個問題讓房東少收一百美元的租金。」問這個問題，一年幫她省下一千二百美元，十年下來則省下一萬二千美元。問一個問題，就可以獲得如此棒的報酬率。

問題

議價空間有多少？

怎麼運用

問「議價空間有多少？」經常能開啟討論價格的機會，為你省下不少錢。要切記的是，措辭精準的問題可能是其中的關鍵，這點適用於我們介紹過的許多問題。例如，問「你的價格有沒有議價空間？」可能會產生負面回應並阻礙協商，為你自己帶來損失。

怎麼回應

回應這個問題有一個好方法，便是以買家的讓步，作為你願意議價的條件。例如：「如果你簽兩年租約，我每個月可以少收一百美元租金。」或「如果你付現並且在今天下單，我可以給你二百美元的優惠。」這樣一來，你不僅提出了你的議價空間，而且這個空間是以對方做出有用的退讓為條件。

問題27 你要的是品質還是價格？

這是一個賣家提問的問題。當你嘗試向協商對象推銷時，對方經常會反駁你提出的價格。當對方回絕你的報價，如果你可以讓對方相信你的產品或服務品質較佳，便比較可能在價格上占優勢。問「你要的是品質還是價格？」是一個巧妙的方法，可以讓協商對象把焦點從價格（對你比較不利）移開，轉而放在你產品或服務的品質（這對你比較有利）。

「你要的是品質還是價格？」這個問題設計得非常好，因爲它將協商的焦點放在你的勢力範圍（例如品質），又不會讓你像典型的業務員一樣，緊迫盯人、迫不及待。這個問題的弦外之音相當有力，即：買家可以選擇高品質或低價格，無法兩者兼顧，而你這位賣家具備的是品質。爲了品質，多付點錢是值得的。要求品質得付出代價，如果買家要的是便宜貨，那麼他大可到其他地方買。

「你要的是品質還是價格？」之所以有效，原因包括：

- 使你的協商對象承認（不論在心裡或表達出來）你的產品或服務品質較佳。
- 巧妙地強調，既要高品質又要低價格，是不合情理的。
- 往往會讓你的協商對象承認，他們其實是要高品質的產品或服務。
- 提醒協商對象，高品質所帶來的成效，讓商品值得較高的價格。

最適合問「你要的是品質還是價格？」的時機，是當協商對象開始抱怨你開出的價格時。對方可能會用以下方式回答：

- 我兩個都要。
- 我們願意爲高品質付出合理的價格。
- 你可以證明你品質像你說的那般好嗎？
- 較高的價格，能不能換來較好的成效、較長的壽命，和較少的問題？
- 我要怎麼向我主管解釋，較高價格是值得的？
- 你的產品或服務比別人好多少？
- 價格差多少？

要回應對方，你應該努力強調品質、價值，並說明你爲什麼必須收取這樣的價格。你可以從壽命較長、功能更多等實際利益來證明品質，價值則可以從長期與總成本來看。至於你爲什麼必須收取那麼高的價格，同樣應該再次強調品質，也就是你的產品或服務裡，有一些對買家有利的功能，需要花費較高成本。

如果你的協商對象表示，他只是在找尋價格最便宜的產品或服務，你還是有籌碼可以談。在這種情況下，比較恰當的作法是，推薦市面上一些便宜的選項，並說明競爭商品的功能、缺少哪些效益，以及有哪些隱藏成本，最後總結出，這些商品其實是沒什麼價值的。

當你準備好說明你產品的價值，便是問「你要的是品質還是價格？」的最佳時機。如果你努力創造產品與服務的價值，可以讓自己居於可以善用這個問題的有利地位。此外，能否適切表達此價值也同樣重要。除了要讓買家了解，還要讓對方能夠向主管解釋，你的產品的或服務，長期下來爲什麼可以讓他們省下更多錢或賺更多錢。

我們的經營哲學很簡單，如果客戶不是眞正相信某項產品或服務的價值，我們便不會推銷。由於我們極爲重視價值與品質，才能於客戶因爲我們的收費猶豫不決時，問「你要的是品質還是價格？」這個問題。

以下是一個典型的例子。我們有一部分業務是銷售產品、訓練與服務給專家證人。由於客戶多次詢問，我們決定設計一份詳細、標準的合約，讓專家證人可以在律師想聘請他們時來運用。這份標準合約一共四頁，定價一百五十美元。每隔一陣子，總會一些客戶會對我們這份只有四頁、卻開價一百五十美元的合約有所遲疑。他們會認爲，過去不曾使用書面合約，或是用自行（非律師）草擬的合約，已經行之有年了，爲什麼還要花那多錢買這份合約？

客戶：我看到你們公司網站上的專家證人續聘合約（Expert Witness Retention Contract），價格是一百五十美元，有多少頁呢？

筆者：大約是四頁。

客戶：四頁的合約會不會賣太貴了？一頁好像超過三十五美元？

筆者：你要的是品質還是價格？

客戶：我二者都要兼顧。

筆者：嗯，你當然可以自行草擬一份合約，或是不用書面合約，或是在網路上找一份免費的合約湊合著用，但我不建議你這麼做。我們這份合約，是由兩位專精於專家作證、而且經驗豐富的律師，花了一百多小時才完成的，平均每頁投入二十五個小時。我們每星期都會接到許多被律師與制度耍得團團轉的專家來電求助。每一次接到這類電話，我們便會將相關問題的防範之道列入合約中，讓這類情事不會發生在專家身上。此外，我們也將這份合約交由其他重要的專家、辯護律師與法官檢視。這份合約預防了無數嚴重、可能終結職業生涯的問題與難題。我每星期都會接到客戶來電，告訴我這份合約幫他們省下多少錢，還幫他們避開無數的麻煩。這些人每年因為專家作證工作，賺取五萬至十萬美元，他們要的是滴水不漏的防護。我們提供三十天退費保證，至今已經有九百多人購買這份合約，而我們只收到三、四份退件。

客戶：有任何折扣嗎？

筆者：很抱歉，我們沒有折扣。

客戶：好吧，我要一份，我可以給你信用卡卡號嗎？

再看看另一個例子。在問題二十二提過，筆者多年前曾經幫年邁的舅舅購買新車。談價格之前，他必須先決定要購買哪一個牌子的車。他在福特（Ford）和本田（Honda）的雅哥（Accord）之間抉擇。以下是他和本田經銷商（一名優秀的業務員）的對話過程：

買家：好，我喜歡這款車，可是福特的車便宜三千美元，我只是個退休老師，領的是固定的退休金。

業務員：你要的是品質還是價格？

買家：都要兼顧。

業務員：你應該考慮總擁有成本。雅哥的顯然價值比較高。你回廠維修的時間會少很多，這款車顯然可以跑得更久，更重要的是，雅哥二手車的價值高出很多。此外，這款車的設計更省油、也更舒適。一年前，我有一位客戶因為價格因素選擇買美國車，上個星期他回來找我，要用美國車折價換購雅哥。他告訴我，他當初應該聽我的話。

買家：好吧，你說服我了。我們來談談本田車的售價吧，你知不知道你競爭對手的價格比較低？

問題 你要的是品質還是價格？

怎麼運用

「你要的是品質還是價格？」這個問題很好用，能讓協商聚焦於你產品或服務的品質。當你的協商對象抱怨你的價格時，便是問這個問題的好時機。為了讓自己站穩立場問這個問題，你應該提供品質優異的產品或服務，也應該做好準備向對方説明，讓他們明白你產品或服務的品質是一流的（例如長期下來，顧客所要付出的成本，會比那些看似較便宜的競爭產品來得低）。

怎麼回應

問「你要的是品質還是價格？」的目的，是要讓你認同品質與價格無法兼顧，但是你沒有道理讓自己陷於這樣的假設中。因此，回答這個問題的一個好方法是：「我對品質與價格都感興趣，也的確應該兼顧二者。」此外，一點點阿諛之辭，或許也有助於協商，例如：「如果你沒有高品質產品，我也不會來找你談，只是我老闆和我對價格也很在意。你現在想把你那高品質的產品賣給我嗎？」

問題28 你想要有錢還是有名？

想要讓某人同意為你或你公司工作，多數人都誤以為重點就是在錢。這是因為「我們往往無法客觀看事情，而總是透過主觀意識在看事情。」假設自己完全理解對方想要什麼，是嚴重的協商錯誤。經驗豐富的成功協商者知道，人想要的東西非常多，每一項都可能會左右協商結果，包括：

- 更多時間陪家人、
- 受尊重、
- 受賞識、
- 長久關係、
- 知名度、
- 受人喜愛、
- 名望、

■ 助一臂之力、
■ 讓自己成為英雄、
■ 金錢。

「你想要有錢還是有名?」是一個簡單又直接的方法，可以讓你的協商對象暢談他的需求、興趣與渴望。這個問題沒有威脅性，可以視為是友善、幽默的對話，而且可以輕鬆讓對方敞開心胸。事實上，這個問題隨意的問話方式，往往可以讓被問者卸除心防，加上它看起來沒那麼嚴肅或重要，被問者一般多半會坦誠相告。

了解你的協商對象眞正想要什麼，可以為你省下一大筆金錢，幫你判斷最佳的協商方法，並達成令雙方都很滿意的雙贏協議。

我們經常會問我們希望合作的人這個問題。儘管聽來有違常理，不過許多人其實對金錢的興趣不大，反倒對其他事物比較感興趣，諸如多點時間陪家人、為崇高理想而助人、有更多機會到外地出差等。滿足非金錢的需求，讓筆者多年來贏得多次成功的協商，並省下數十萬美元。

我們來看看幾個例子。幾年前，我們合著了一本複雜的醫療法律參考書。我們想請一位醫師幫忙審稿，看看我們有沒有犯任何學術或技術上的錯誤。我們選了一位醫師，和他取得聯繫，並請他審閱這本參考書。問題是，我們挑選的這位醫師成就非凡，很可能會開出一小時五百美元的價碼。審閱這本長達五百頁的書，可能得花去一百多小時，換言之，光是審閱這本書便可能花去我們五萬美元。

不過，我們還是拿著書聯繫這位醫師，他表示他有興趣，因此我們把書寄給他。我們沒有問他如何收費，而是問他：「你想要有錢還是有名？」他的回答非常坦誠，他表示自己對金錢不感興趣，純粹是喜歡這本書，也認為可以給點意見，與其選擇錢，他寧列名共同作者。他透露，他想讓自己的學術資歷更添光采，並認為這本書可以幫他達到目的。這無疑是一個雙贏的結果，那名醫師獲得他真正想要的，對於結果感到非常滿意。而我們不僅獲得由他仔細審閱過的稿子（同意這名醫師成為共同作者，讓他更有動機全心投入審稿），還有一位知名醫師作為共同作者，這對這本書的行銷有莫大幫助。同意讓他成為共同作者，並沒有花我們任何一毛錢（那位醫師並未收取任何審稿費或版稅）。

有些人或許會想，如果對方表示他要的是財富，你們又是如何回應的呢？這回應雖然不常見，偶爾還是會遇到。以下的例子，就是我們應付這類回應的情形。

筆者想邀請某位知名專家，擔任一場研討會的講師。當我們告訴他我們並不會支付講師費，他顯得有點猶豫。我們問他相同的問題：「你想要有錢還是有名？」他回答：「我要財富。」於是我們說明，我們每年的研討會都會寄出超過一百萬份的文宣，他的照片、自傳與聯絡資訊，都會透過這份文宣廣為流傳。

我們進一步說明，他在這一行的知名度會大幅提高，他會贏得全國性的認可，報酬豐厚的諮詢商機會自動找上他。這一切都將因爲他擔任我們的講師，而有機會成眞。

於是他下了一個結論（可能的話，你最好能讓對方自行下結論）：最佳致富之道就是擔任我們的講師。擔任講師的確爲他帶來無數報酬豐厚的諮詢機會，而他也和我們維持長期關係，直到今天。

其他適合問類似問題的時機，是當你要購買房子時。買房子時，賣家的主要考量不一定是爭取到最高價格。如果價格稍低，但買家比較可能眞正籌到資金，或是成交時間較爲通融，部分賣家是願意接受的價格。問賣方仲介：「他們（賣方）只想要高價，還是想要一筆快速、順利而且可靠的交易？」等問題，將會帶來出人意外又寶貴的資訊。

問題　你想要有錢還是有名？

怎麼運用

不管被問者如何回答，「你想要有錢還是有名？」（或類似的問題）對協商都非常有效，因為你可以透過這個問題，深入了解對方的心態與期望。

怎麼回應

回應這個問題的方式之一是輕鬆以對：「我都想要啊，誰不想呢？」這類回應不僅可信，也不至於提供對方任何可用來對付你的資訊。此外，你也可以請對方告訴你更多有關其他選項的細節，例如：「我喜歡聽起來又有錢又有名……你可以多談談這兩種情境，幫我做選擇嗎？」這麼回答可以幫你爭取更多資訊與時間，讓你做出更深思熟慮的選擇。

問題29 你預估那會是多少？

本書探討的問題，多半可以適用於多種不同情況，但這個問題不然。「你預估那會是多少？」的目的，是要迫使協商對象將他口中虛幻、難以估算、難以預料的承諾，用具體方式說明。一旦你讓協商對象提出一個確切的數字，便可以拿這個數字來將他定錨，再以此爲基礎，開始協商出更穩固、有利的報酬計算方式。

協商時，對方經常會答應你，會依據某種計算方式來計算所提供的報酬，讓你自行斟酌。這對你可能會是噩夢一場，以下便是一個小例子。很久很久以前，筆者剛出社會時，曾獲得某家小公司提供一個新的工作機會，老闆口頭承諾給予一〇%的公司利潤當紅利。以下是協商過程：

筆者：你會給予多少薪資？

老闆：薪資是一年四萬千五百美元，外加公司獲利的一〇%。你知道，我們公司的獲利很好。

筆者：聽起來不錯，我什麼時候可以開始上班？

長話短說，筆者進公司後，從沒獲得半毛公司的利潤。受聘後，老闆及合夥人大幅提升他們自己的薪資，讓公司費用大幅增加，利潤因而減少。

老闆可以輕易操弄獲利數字，因此原本承諾的紅利，變成一毛不值的泡影。時至今日，筆者對於不是固定、不透明或是有人爲操作空間的報酬，都會抱持懷疑。如果可以重來一次，筆者和那位老闆的協商會是這樣：

筆者：你會給多少薪資？

老闆：薪資是一年四萬千五百美元，外加公司獲利的一〇％。

筆者：你預估那會是多少？

老闆：這是我們的財務數字。我們過去的獲利大約在十五萬美元至二十五萬美元，而且通常逐年增加。

老闆：所以，你預期我每年將獲得一萬五千美元至二萬五千美元以上的紅利？

老闆：沒錯。

筆者：你也知道，獲利很容易因為改變會計手法、增加費用等原因，產生極大的差異。我看到貴公司過去五年的總營收，每年大約有一百五十萬美元，如果你答應給我公司總營收的一．五％作為紅利，我就接受這份工作。

「你預估那會是多少？」是一個非常有效的方法，能從存心欺瞞的人身上，找出他實際願意給予的薪資與結果，其目標是要迫使協商對象說出一個預估的數字。既然他們宣稱這對你是好的條件，你便狡猾地鼓勵他們說出一個高額數字。一旦他們說出一個高額數字，你接著就得談一個替代協議，這個替代協議比較可能讓你獲得你眞正想要的，讓條件更有實質意義。

問「你預估那會是多少？」的另一項好處是，這個問題幾乎沒有什麼不利之處。簡單說，問這個問題不會帶來什麼不好的結果。因此，當你擔心有人承諾給你的報酬或利益，可能是一場虛幻時，便可以隨時提出這個問題。

我們經常在訓練業務裡利用「你預估那會是多少？」這個問題。情形通常是這樣的：某專業組織想要請我們在年度會議上，爲他們會員做一些訓練，並給我們利潤的「五〇％」。這個提議對我們而言不切實際，因爲我們知道利潤是可以輕易操控的。以下是常見的協商經過：

專業組織：我們想請你們從波士頓飛來舊金山一趟，花一天的時間幫我們協會的會員上課。我們可以支付你相當於合夥關係的報酬，也就是會議利潤的五〇％。

筆者：你預估那會是多少？
專業組織：二萬美元。
筆者：你預計會有多少人出席？
專業組織：大約五十至一百人。
筆者：每人要繳交多少學費？
專業組織：五百美元。
筆者：你付我們一萬五千美元就成交了。
專業組織：我們無法同意，如果出席人數沒有麼多，我們會虧損的？
筆者：呃，你預期有五十至一百名會員出席，而且你願意多付我五千美元，在這種情況下，你應該可以有更好的利潤空間。不過，為了避免你顧此失彼，我們可以加入一個條款，註明如果你們無法招到至少五十名會員，可以在會議前三十天取消這項協議，不會有任何罰款。
專業組織：這倒沒問題。

請注意「你預估那會是多少？」這個問題，是如何有效迫使該組織做出具體承諾。他們爲了吸引我們同意這項提議，提出了一個高額數字，我們再利用他們自己提出的這個高額數字，作爲讓我們不至於做白工（或工作與報酬不成比例）的武器。

最後再看另一個例子。幾年前，某家公司聯繫我們，希望將我們將一本書數位化，讓消費者可以讀取數位內容。我們對這項商業模式抱持懷疑態度，但至少他們願意給我們一定比例的總收入作爲版稅，而不是用獲利來算。問題是，建構整個流程會花去我們許多寶貴的時間，我們得評估看看這值不值得做。以下是協商過程：

數位出版社：我們可以給你們這本書數位版總營業額的一〇％作為版稅。

筆者：你預估那會是多少？

數位出版社：呃，我們預估你們未來三年至少會有二萬美元的版稅。

筆者：如果你可以開給我們一張三年期的一萬美元本票，當作預付版稅，我們便同意簽約。

數位出版社：我們可以給你們七千五百美元，每年付二千五百美元。

筆者：就這麼辦。

請注意我們是如何拿出版社自己的預估，來回敬對方。「你預估那會是多少？」鼓勵出版社提出二萬美元這個高額數字，以便吸引我們同意他們的提案。最後，那本書的數位版並未賺進預期中的版稅，整個專案甚至提前結束。結果當然是，問「你預估那會是多少？」幫我們賺到一筆不小、而且原本可能得不到的錢。

問題 你預估那會是多少？

怎麼運用

當對方提議給你的報酬或利益，很難確定、推估，或是容易遭協商對象操弄，變成對你不利的局面，你應該謹慎以對。一旦遇到這種情況，通常應該要問：「你預估那會是多少？」問這個問題對你不會有不利的風險，協商對象為了吸引你，往往會提出一個較高的數字。一旦你獲得這個數字，就用它來將對方定錨，再協商出一個比較具體且有利於你的協議。

怎麼回應

問這個問題的人試圖要你預估一個數字，再以這個數字來將你定錨，讓你提出一個具體的數字。因此，回應這個問題的好方法便是給予含糊的回答，或是巧妙閃開這個問題。例如：「呃，那要看我們的收入及支出而定，這兩者當然沒有絕對肯定的數字。」或是：「我們無法確切知道，那要看從現在到那時的狀況如何演變。」此外，你還可以把問題丟回去給發問者，表示：「那要看你們的工作績效和品質而定。你當然對自己的能力有信心，對吧？」此舉會讓發問者處於防守狀態，並明確指出你是採按工作成效付酬的方式。

問題30 你會不會給我們最低價保證？

人想要的通常很簡單，只想要最好的。想要在協商中爭取到最好的條件，方法之一便是開口要求。問「你會不會給我們最低價保證？」是一個既簡單又有效的方法，可以確保你獲得很好的條件（最低價保證可以以不同形式呈現）。

這是一個非常實用的問題，部分是因爲隱含了許多弦外之音。問這個問題時，你清楚讓對方知道價格對你相當重要，而且你並不急著成交。你同時相當清楚讓對方知道，你正四處詢價，對方如果無法給你很好的價格，便可能會失去這筆生意。這些訊息都能幫你建立協商優勢，讓你爭取到比較好的條件。

問「你會不會給我們最低價保證？」可以輕易讓你的協商對象，處於一個棘手的狀況，因爲如果回答「不」彷彿過於不盡情理，也幾乎等同於失去這筆生意了。因此，你的協商對象除了做出保證，或讓交易條件更加優惠之外，可說別無選擇。不過，這一切對你都是正面的。即使對方簡單回你一句「不」，你都能藉以了解，自己或許不該再繼續和這個人或公司往來了。

問這個問題時，應該試著從協商對象的角度思考，這個問題無疑會讓對方深思。當你問「你會不會給我們最低價保證？」對方的腦袋裡必須快速思考幾件事情，包括：

- 這個價格是否就是我最好的價格，而且比競爭對手的價格要好？
- 對於他其他協議或條件，我要講得多清楚？
- 我是不是必須和其他所有顧客都重新協商？
- 其中是否涉及任何機密？
- 即使我想要，我是不是就可以這麼做？
- 是不是對方已經知道，我們提供過更好的價格？
- 明確或含蓄地拒絕回答這個問題，會不會讓對方覺得，他們無法獲得最好的價格？其他像服務、貨運、交貨、售後保證等條件又要怎麼談？還是我可以避開問題，強調自己在這些方面的優點，讓對方知道他是拿蘋果在跟競爭對手的橘子比？
- 保證如何運作？（例如，有效期間多長？這類協議是如何運作？）
- 這對未來和這名顧客的協商，會帶來什麼先例價值（precedential value）？我該如何保護自己，才不會因為協商對象張揚價格而受害，甚至更嚴重的是，還要給其他人相同的保證？

■ 這類保證會涉及哪些法律問題？

■ 這項協議是否必須經過主管的同意？如果是，當我告訴主管時，他們會怎麼說？

這些問題的結論將帶給你更多協商優勢。

問「你會不會給我們最低價保證？」的最後一項優點是，你真的不會因爲問了這個問題，而對自己造成不利。本書所介紹的一些問題，有時候的確會有弄巧成拙的風險，但這個問題並不會。因此，應該在許多協商中適當運用這個問題。

和本書介紹的許多問題一樣，問這個問題的時機很重要。問這個問題最有效的時機，是當協商對象向你保證，他給你的是最好的價格時。引導對方做出這類保證應該不難，只要問他：「這是最好的價格了嗎？」或「這是你三十天內所能給的最好價格了嗎？」等類似的問題即可。一旦他中計並給你肯定的回答，接著便是你問「你會不會給我們最低價保證？」的時機了。

密切觀察對方的肢體語言及語調。當你的協商對象回應時，別只顧著聽他說了什麼，也要觀察他是如何表達的。他們看起來是有信心保證你的確得到最好的價格，還是他們經你一問，立即顯得猶疑？如果對方的反應是後者，你最好繼續逛逛其他家。

我們來看看以下例子。我們公司要寄送大量郵件，多年前，我們想要購買一項能幫我們處理對外郵件的新設備。從以下例子中的對話可以看出，問「你會不會給我們最低價保證？」大大幫我們爭取到很好的條件。協商過程大致如下：

筆者：我們想購買這款摺紙機，正在尋找提供最優惠價格的廠商。
廠商：了解，我已經比定價再少一千二百美元給你了。
筆者：一台七千九百元還是太貴了，你能給什麼最好的價格？
廠商：如果你今天買，算你七千五百美元就好了！
筆者：你公司有沒有賣過低於七千五百美元？
廠商：沒有人有低於七千五百美元的價格。
筆者：你可不可以給我書面的最低價保證？
廠商：你希望我們給你什麼？
筆者：只要一封電子郵件，保證我們是以最低價購買這款摺紙機，如果我們在六個月內發現其他廠商的售價更低，或是你在六個月內以低於這個價格賣這款機器給其他人，你就得補我們差額的一．二倍。
廠商：我了解了，真的，但是我們實在沒辦法這麼做。我們信守價格承諾，但無法掌控其他人會怎麼做。別人可能正在清倉大拍賣，也可能賠本出售。我先和我老闆談談，再回你電話吧。

隔天我們接到回電。

廠商：這是我們的結論，也是我們的底線了。七千三百美元是我們能給最好的價格了，我們會發一份書面文件給你們，保證我們在九十天內，不會以低於這個的價格賣這款機器給其他人，否則我們將自動退還你一一〇%的差額。此外，我們免費延長保固期一年，那價值超過五百美元。

筆者：我們很感謝你們能這麼做，就這樣說定了！

值得注意的是，儘管我們沒有一〇〇%獲得我們要求的，卻還是能夠從原先他們口中那個「最好」的價格，再爭取到更好的。我們接受他們無法保證其他人會如何做的理由，因爲我們認爲這樣的說法是合理的。對我們而言，他們回應的語調與語言，顯然表示他們已經在價格上盡了力了。請注意，如果他們在不加解釋或不再多給點好處的情況下，便直接回答「不」，我們就會直接去向其他廠商詢價，因爲我們會強烈懷疑，還有更好的條件在等著我們呢。

問題 你會不會給我們最低價保證？

怎麼運用

問「你會不會給我們最低價保證？」是一種低風險的方法，可以幫自己在合理範圍內爭取到最佳條件。問這個問題最好的時機，就是當協商對象宣稱已經給你最優惠價格的時候。問了這個問題之後，對方若不是給你保證，就是會給你更多有價值的退讓，否則你便應該再繼續向其他廠商詢價。

怎麼回應

你可以用許多種不同的方式來回應這個問題。如果你的營運模式，是要提供比競爭對手更低的價格，那麼你就應該充滿自信地回答：「沒問題。」當然，這麼回答並未明確限定保證的期間與細節，你可以在接下來的協商中，盡量爭取對自己有利之處。

如果你選擇不予保證，那麼你需要一個合理的理由。其中一種作法是主張，你的產品與服務是獨一無二的，例如：「市面上沒有其他人提供我們這種品質的服務了，我們無法和其他低階廠商比價格。」在這種情況下，對方可能會回說，他們要的是你過去、現在或未來曾經給過顧客的最佳價格（最惠國條款）。這個請求比較難回絕，最好的回應方式便是提出法律、法規或會計上的難處。例如：「很抱歉，基於機密及法律上的考量，也因為價格資訊是業主的權益，我們不得討論其他客戶的價格。你應該不會希望我們在你成為客戶之後，對其他人揭露你的資訊吧。」

問題31 假如我付現呢？

現金至上。在許多情況下，如果買家同意付現，往往可以爭取到好很多的條件。問「假如我付現呢？」是一個很簡單的方法，可以讓你了解，付現是否可以再多爭取到一些額外的讓步。這個問題的弦外之音很清楚：如果你可以再多做讓步，我可能會同意付現。

許多人都喜歡對方付現，有一部分人甚至到了熱愛的程度。一般而言，小型企業老闆和接案的個人最喜歡對方付現。

現金可以降低賣家的費用，讓賣家不用支付沉重的信用卡手續費給銀行（這筆費用可能高達三．五％），而且可以減少支票跳票的不確定性。現金用法簡單，不需要投入任何基礎建設或資源，來處理付款事宜。賣家收到現金之後可以立即使用，不需要像收到支票一樣，還得跑一趟銀行才能兌現。

我們建議你先談一個好價格，並要有明確的協議說明，賣家接受支票或信用卡付款，接著才問這個問題，效果會最好。唯有在已經爭取到好價格之後，才應該問「假如我付現呢？」在許多情況下，尤其當對方是自營的個人或小型企業老闆時，付現將能爲你多爭取到大幅的退讓。如果你選擇支付現金，你當然得要求賣家提供簽名收據作爲付款證明。

當賣家已經接受你用其他方式付款，再問「假如我付現呢？」這個問題，不僅風險非常低，也相當恰當。你並不會因爲問「假如我付現呢？」而讓自己承諾任何事，你只是拋出一個風向球。如果對方因而給你相當的好處，你便可以同意付現，替自己省下一大筆錢。否則你只需照原計畫，採其他方式（支票或刷卡）付款。

量力而爲，保持充足的現金準備，才能讓自己處於比較強勢的協商地位。因此，你手邊顯然必須擁有足夠的現金，才能問「假如我付現呢？」多年來，我們一直有能力支付現金，也願意付現，並因而省下大筆金錢。以下舉幾個例子。

不久前，筆者的房子得進行一些修繕，因而找來一名電工並和他展開協商。以下是兩人的對話：

筆者：我們想請你幫忙，在三個房間裡裝設電線。

電工：好的，我按時收費，一小時八十美元，材料費另計。

筆者：我需要全額的報價。

電工：一千美元。

筆者：你什麼時候可以開始？

電工：幾週後。

筆者：你有收信用卡吧？

電工：我比較喜歡支票。

筆者：你接受威士卡（Visa）嗎？

電工：是的。

筆者：假如我付現呢？

電工：這個嘛，現金當然歡迎。如果你付現，我就算你八百美元吧。

筆者：好的，就八百美元現金成交。

電工：太好了，如果你沒問題的話，我後天就可以開始。

請注意我們一開始是如何以信用卡付款方式，將電工鎖定在一個價格上。這表示我們要用刷卡的，所以他只能選擇接受信用卡，否則便可能失去這筆生意。到了對方接受信用卡付款之後，我們才開始拋出付現這個風向球。結果證明，付現非常吸引那名電工（一般通常都是如此），讓我們可以少付二〇%，並讓他提早進行。

不久前，筆者以類似的方法，向一家小型的自營珠寶店購買鑽石耳環，要送給女兒。

筆者：這付耳環要價多少？

珠寶商：先生你好，這是一付很美的耳環，名家設計的，價格是二千美元。

筆者：你是老闆嗎？

珠寶商：是的。

筆者：價格有點高，議價空間有多少？

珠寶商：其實，我們可以打七五折給你。

筆者：一千五百美元嗎？

珠寶商：是的。

筆者：那還是偏高，一千二百五十美元可以嗎？

珠寶商：最低不能低於一千四百美元了。

筆者：我看到你窗戶上有貼，你們有收美國運通卡，對嗎？

珠寶商：是的。

筆者：假如我付現呢？

珠寶商：呃，付現的話，我們可以給你一千一百五十美元。

筆者：成交，但我要收據。

珠寶商：非常樂意。

有效運用「假如我付現呢？」這個問題之前，你得先打好根基。在上述例子裡，根基是建立在，這是一家小型企業，我的協商對象是老闆，我已經爭取到一個低價，而且對方接受信用卡。問這個問題讓筆者多省下二百五十美元，相當於一七％。

在這種情況下，問「假如我付現呢？」的風險很低。最糟的情況不過是珠寶商拒絕，果眞如此，我可以選擇離開，或是接受以美國運通卡支付一千四百美元。我不會遇到比問這個測試風向的問題還糟的狀況。

以現金交易來吸引賣家，往往能讓人做出重大讓步。這麼做沒有什麼風險，我們並沒有承諾任何其他的事情。

現金在其他情況下一樣很吃香。多年前，筆者和妻子要買一間房子，即使我們不是出價最高的買家，最後還是可以買到那間房子。這是因爲筆者表示願意付現（開銀行本票），賣家不必擔心交易會因爲筆者無法籌措到資金，而無法成交。

問題 假如我付現呢？

怎麼運用

現金至上。許多人都喜歡別人付現，也願意為了收現金而做出重大退讓。「假如我付現呢？」是一個既沒有風險，又可能獲取大幅價格讓步的問題。你最好在取得一個確定的價格，而對方也同意你以現金以外的方式付款之後，再問對方「假如我付現呢？」。此外，你自己手邊得有充裕的現金，才適合問這個問題。

怎麼回應

一般有三種方式可以回應這個問題。如果收現金並不是你偏好的選項，那麼你的回答應該像這樣：「是的，我可以接受現金。」要表達付現不會有額外折扣，這是一種不錯的方式。

反之，如果你非常希望對方付現，給予適當誘因是不錯的方法。你可以這麼說：「付現可以為我省下一筆信用卡手續費，如果你今天購買而且付現，我很樂意給你總金額的二%作為折扣。沒道理讓銀行賺錢，不如我們兩個都省點錢吧。」

如果你和對方都還沒有事先談妥付款方式，可以採取另一種有點風險的回應方式。當有人問你這個問題時，你可以合理假設如果對方想要的話，會選擇付現。你可以這麼回應：「這個價格是現金價，我也願意接受各大信用卡，但是那會多出三・五%的手續費。」這麼回答可以讓你以現金收取你原本開出的價格。

問題32 各大信用卡都收吧？

價格不盡然是交易時的唯一考量，付款方式也很重要。「各大信用卡都收吧？」是一個確保你可以使用信用卡付款的好問題。

刷卡通常對買家比較有利，好處之一是有紅利回饋，好處之二是有浮差（即購物日與付款日之間的資金運用空間），你購買某項商品的付款時間拖愈久，對你愈有利。

使用有紅利回饋的信用卡好處相當大，筆者有一張有紅利回饋的信用卡，會將每筆採購金額的二%存入一個投資帳戶，基本上相當於每筆採購金額二%的現金回饋。因此我們每次購物都盡可能使用信用卡（我們向來準時繳款，從不付利息）。多年累積下來，再加上投資報酬，我們靠著這張信用卡不花一毛錢便賺進數千美元。

筆者經營一家中型企業，只要可以，我們總是盡量協商以信用卡付費，因此每年使用企業信用卡的金額，高達數十萬美元。這刷卡金額可以直接兌換爲數眾多的免費紅利，包括飛行哩程積點、家具、電子產品及其他好處。

當然，問題是賣家喜歡收取現金、支票或電子資金轉帳（electronic funds transfer）。理由很簡單，信用卡公司會向賣家收取總刷卡金額的三．五%作爲手續費。如果你購買一項昂貴的產品，這筆費用會變得相當可觀。爲此，賣家強烈希望買家可以使用現金或支票。

很多時候賣家會接受信用卡，很多時候則不接受。在這種情況下，你最好一開始便先確認賣家收不收信用卡。以下例子就說明了相關問題是如何衍生的。多年前，我們請承包商幫忙裝設一套自動噴水消防系統，收費五千美元。我們先以信用卡付了五百美元訂金，完工後，我們收到一張四千五百美元的帳單。我們希望用信用卡付費，但承包商拒絕，因爲他得因此支付超過一百美元的信用卡手續費。有了這次的經驗，我們一定會在一開始便先確定付款方式。「各大信用卡都收吧？」這個問題的目的，便是爲了應付像自動噴水消防系統承包商這類廠商。

我們建議雙方先就某價格取得共識，然後再問「各大信用卡都收吧？」（如果你先問這個問題，廠商或許會直接提高價格，將手續費涵蓋在內）。這個問題的弦外之音很清楚：我想使用信用卡，希望你能接受，因爲多數廠商都接受。另外的意思是，如果我無法使用信用卡付款，交易可能就談不成了。

讓我們看看這個問題的措辭吧。這本書要讓各位了解的一項觀念是，問題怎麼問非常、非常重要。以信用卡這個問題爲例，你絕對可以用「可以刷卡嗎？」或「你接受信用卡嗎？」等方式發問，但這是比較弱的語言，感覺是測試風向，無法讓賣家感受到這個問題攸關你向他購買的意願。最好的問法是：「各大信用卡都收吧？」這句話措辭謹慎，隱藏以上描述的弦外之音，並且會帶來你渴望的回應。

當你問「各大信用卡都收吧？」時，你讓賣家居於一個微妙的地位，對方可能會如此回應：

■是的。

■不。

■我比較喜歡收支票。

■滿特定額度才收。

你當然希望對方說「是的。」你比較不可能收到「不」的回應，因爲多數企業都知道，要生存就得接受信用卡。買家手邊不見得有足夠的現金，或可能強烈偏愛使用信用卡，因此回答「不」很可會失去你這筆生意。如果你眞的收到「不」的回應，情況也不至於更糟，你可以選擇離開，或同意使用其他付款方式。

如果賣家表示他傾向收取支票或現金，這也是一種勝利，因爲他透露出他接受信用卡。告訴他你得使用信用卡付款（因爲手頭短缺現金），然後繼續完成交易。

像汽車這類大額採購，賣家通常只會在某特定條件下接受信用卡，這種情況相當常見。遇到這種狀況，如果你決定繼續交易，便應該使用信用卡，支付賣家可以接受的最高額度。

我們來看看幾個例子。筆者多年前打算購買一個花棚，以下是協商過程：

筆者：這麼說，這個花棚你可以算我三千五百美元？

花棚賣家：是的。

筆者：所有費用都包含在內嗎？運費、稅金等等？

花棚賣家：是的。

筆者：各大信用卡都收吧？

花棚賣家（停頓了一會兒）：通常不接受。

筆者：我手頭沒那麼多現金，我們用萬事達卡，如果不行的話，我們得等到手邊有足夠現金之後再買了。

花棚賣家（停頓了一會兒）：好吧，我接受你的萬事達卡。

筆者：太好了，請把合約用電子郵件寄給我看一下。

花棚賣家：好的。

請注意我們一開始是如何取得最好的價格。這麼做可以防止賣家為了彌補他必須支付的信用卡手續費，而額外增加費用。同時要留意協商過程中積極傾聽的重要性，我們捕捉到賣家回答「通常不接受」時內心及言語上的猶豫。對筆者而言，這強烈顯示賣家不僅願意接受信用卡，還很擔心一旦拒絕將會失去這筆生意。因此我們趁勝追擊，一如預期，賣家最後同意了。這個問題本身的風險很低，如果賣家同意，那很好，如果不同意，我們還是可以很快籌措現金，然後支付支票。問「各大信用卡都收吧？」幫我們賺到七十美元的紅利，以及下個月才付三千五百美元出去的浮差。

再看看最後一個例子。多年前，筆者打算買一艘小船，價格大約是二萬美元。談妥對筆者有利的價格之後，筆者接著問：「各大信用卡都收吧？」賣家的回應是，他們最多只接受五千美元的刷卡金額。於是我們用信用卡付了這艘船總價的四分之一，也就是五千美元。問「各大信用卡都收吧？」這個問題，幫我們賺到一百美元的紅利，花三秒問一個問題便賺了一百美元，還不賴吧。

問題 各大信用卡都收吧？

怎麼運用

用信用卡採購通常對你比較有利，尤其當你可以因而獲得豐厚的紅利時。要了解賣家是否接受信用卡，你應該在設法爭取到可接受的價格之後，再問賣家：「各大信用卡都收吧？」多數情況下，賣家都會同意接受信用卡付費。這個問題本身風險很低，即使賣家拒絕，你的選擇並不會消失。你可以同意使用其他付款方式，或者另覓其他賣家。

怎麼回應

多數時候，回應這個問題最適當的方式是簡單回答「是的，當然」、「是的，五千元以內可以刷卡。」多數企業了解，他們必須接受信用卡，並承擔不低的信用卡手續費。這年頭，做生意卻不接受信用卡，是相當冒險的。

你還可以採取一種比較積極、比較有風險的回應方式，便是表示使用信用卡付款的價格比較高。例如：「是的，但是這麼做的話，我們得收取三%的信用卡手續費。」

第八類

打破僵局

協商過程難免會陷入僵局。這一部探討的問題，可以幫你打破僵局，卻又不至於屈服於對方的要求。

問題33 差額平均分攤，怎麼樣？

這個簡單又直接的問題，或許是在所有協商中，促使大家各退一步的最大推力。這個問題之所以有效，是因爲它顯然是訴諸於公平性。還有甚麼會比雙方各退一步、平均分攤差額更公平的？這個問題看來如此公平、合理，對許多協商者而言，幾乎都會迫不及待回答「好。」的確，這個問題最常見的回應即是「當然」或「好的。」

差額平均分攤是我們經常會於協商中運用的技巧，例如：

問題：這份郵件名單的租金，你開價每千人最低三十七美元，而我每千人只能付三十五美元。

回答：你之前已經說明得相當清楚了。

問題：差額平均分攤，怎麼樣，就這麼辦吧？

回答：成交，名單電話隨你打！

不過，要讓「差額平均分攤，怎麼樣？」這個問題發揮最大效果，了解你協商對象的主管（與配偶）如何看待這場協商，是非常重要的，也就是說，大家都希望別人認爲他們已經盡力爭取最好的條件。問這個問題最有效的時機，是在歷經冗長的協商，及遇到遲遲無法解決的僵局之後提出。在這種時候問這個問題，會讓協商對象更容易向主管或配偶回報說，自己在協商過程中已經努力爭取最好條件，不可能比這更好了。

切記，主管如何看待協商，對你的協商對象非常重要。如果在回報時描述，這場協商不好打、棘手、難應付，可能有助於強化協商對象在主管或配偶眼中的地位。但是如果協商很快就結束、每況愈下而且一團糟，儘管最後的結果相同，實際上卻可能會被視爲是失敗。你應該鼓勵你的協商對象，並讓對方可以精心設計、打造，甚至美化他的故事，讓整個協商過程看起來萬分艱辛。這對你是有好處的，而且會讓你問「差額平均分攤，怎麼樣？」這個問題的成功機會更高。

我們通常會在歷經冗長協商、遲遲沒有進展，且看似陷入僵局之後，再問「差額平均分攤，怎麼樣？」這個問題。此舉會大大增加這個問題的成功機率，因爲這讓你顯得極不情願進一步退讓，也讓你的協商對象能夠對主管說，自己盡了最大努力去爭取較佳條件了。這當然也是一個有效的問題，因爲你自己的立場軟化了，願意以彼此差距的中間點爲目標，而對方也得以因而朝他們原本堅持的目標，向前邁進一大步。

以下是我們常見的協商過程：

甲方：妳說這個案子低於五萬美元就沒辦法接？

乙方：一毛都不能少。

甲方：我也已經告訴妳，我的預算是四萬美元，多半毛都不行。

乙方：我能體會，我也打電話問過我老闆了。

甲方：過去幾個小時我們一直僵持不下……或許妳應該再打給妳老闆，告訴她我有多難應付？

乙方：好主意。讓我想想該怎麼告訴她……還是別讓她抱持太高期待，我會告訴她，這交易已經岌岌可危了。

甲方：在這種情況下，這倒是實話。（開玩笑地說，卻也暗藏著真相）

當乙方打電話給她老闆時，雙方暫時休息了一下……

乙方：我打給她，解釋我已經汗流浹背、盡最大努力了，但也只能自認倒楣，因為我不認為有挽回的餘地。還有，我剛剛吞了第二顆高血壓藥丸。

甲方：妳那麼賣命，值得嗎？

乙方：當然不值得。

甲方：差額平均分攤，怎麼樣？

乙方：或許我們一、兩個小時前就應該這麼做了！

乙方（對他老闆）：喂，又是我。我可能有一些好消息，我想我可以讓他同意付四萬五千美元……相信我，這絕對是我們能爭取到的最好價格了！他已經在關電腦了……好，我會說服他同意四萬五千美元成交的……謝謝，我很感謝你這麼體貼。

乙方：四萬五千美元成交。

想想如果過早（在雙方陷入僵局之前）提出差額平均分攤這個問題，這場協商要繼續進行會有多難：

甲方：妳說這個案子低於五萬美元就沒辦法接？

乙方：一毛都不能少。

甲方：我也已經告訴妳，我的預算是四萬美元，多半毛都不行。

甲方：差額平均分攤，怎麼樣？

乙方：聽起來不錯，我打電話問問我老闆。

乙方（打給老闆）：好消息。我說服他同意平均分攤差額，我們應該接受四萬五千美元……我知道我只花了四十五分鐘，但我向你保證……我已經盡我最大努力了，你講這話是什麼意思……不，這不是我第一次協商……好吧，我會繼續試著爭取更多……

看到了吧，在協商過程中問這個問題的時機與情況，對於結果影響甚鉅。請留意，如果平均分攤差額仍有獲利空間，即使只有一點點，對方都可能會接受的。在某些經濟環境下，在有勞工、機器設備等固定成本的產業中，有些業者即使虧本都還可能會接受條件，以便讓工廠維持正常運作。這時重點當然是要事先研究，取得相關資訊，好好了解你協商對象的損益平衡點在哪裡。例如，你可以從不同網站上，搜尋到汽車經銷商的進貨價格。了解經銷商需要賣多少才有利潤空間，可以大大幫助你判斷，什麼時機問差額平均分攤這個問題比較有用。例如，如果你知道經銷商的成本是二萬五千美元，而他們對外開價二萬六千美元，而你表示自己不會付超過二萬二千美元，差額平均分攤便不大可能成功，因爲如此一來，售價將是二萬四千美元，比經銷商的成本還少一千美元。反之，如果你出價二萬四千六百美元，而經銷商要價二萬五千八百美元，那麼差額平均分攤（二萬五千二百美元）能讓經銷商有獲利空間。

如果雙方都堅持己見，表示自己給的價格已經是最好的了，那又該怎麼辦？即使雙方都自己的協商立場都非常堅持，差額平均分攤還是有成功的機會。在這種情況下，你可能需要施展一點交際手腕，稍微顧全對方的面子。另外要記住，對方往往會在協商過程中表現出，他們給的已經是「最好、也是最後的條件」。

留意，千萬不要提醒對方他們給的不是「最好、也是最後的條件」。不斷碰觸別人的痛處或缺失，並不是鼓勵對方進一步退讓或建立商譽的好方法。例如，在雙方達成協議要平均分攤差額之後，切忌對你的協商對象說這樣的話：「我就知道，你之前說你的條件是最新、最好、也是最終的條件時，其實不是眞的。」如果你得和同一個人再次協商，這類言論可能會把氣氛給弄擰了。

當遇到這種雙方都宣稱再也沒有退讓空間的情況，我們一般都會這樣處理（施展一點手腕與關係）：

甲方：你絕對無法接受低於五萬美元，而我則絕對無法接受高於四萬美元。

乙方：沒錯。

甲方：看來好像沒有轉圜餘地了。

乙方：同意，我老闆真的沒有給我們多少商量的空間。

甲方：了解，假如我們各自吃點虧，平均分攤差額呢？

乙方：當然好，我很感謝你的彈性。

甲方：成交。嗨，要不要一起喝一杯，慶祝我們達成協議？

乙方：當然。

針對差額平均分攤這個問題，我們還有最後一點建議：在適當時機直接問這個問題，可以鼓勵你的協商對象明快做出決定，同意平均分攤差額。協商經驗豐富的買家會料想到到這一招，所以會刻意壓低自己願意支付的價格，讓自己有充裕的空間，可以擺出豪快答應的樣子。關建是要讓自己處於可行的、又不會差太多的起始位置。想想看，如果你遇到僵局時是處於比較有利的位置，平均分攤差額會爲你多帶來多少利益。以下的例子和上面相同，只是提出差額平均分攤的時間點不同：

甲方：我們不斷、不斷討論這一點，你不接受低於五萬美元，而我的預算只有三萬五千美元。

乙方：沒錯，問題就在這裡。

甲方：差額平均分攤，怎麼樣？

乙方：四萬二千美元，我們各自吃點虧，但至少我們達成共識了，我們平均分攤一些成本，成交！

甲方：讓我們告訴老闆這個好消息吧。

問題

差額平均分攤，怎麼樣？

怎麼運用

「差額平均分攤，怎麼樣？」可以非常有效地讓你的協商對象同意進一步退讓、平均分攤差額。這個問題看起來非常合理、公平。要讓這個問題發揮最大效果，最好能等到遇到僵局、遲遲沒有進展時再提出，並盡可能從對你自己比較有利的點開始。

怎麼回應

在許多情況下，同意差額平均分攤會帶來合理、可接受的協商結果。如果你覺得應該接受對方的提議，也想要趕快成交，就直接回答「好的」或「同意」。

不過，如果你無法平均分攤差額（你會因此賠錢或已超出你的職權範圍），或是不認為這麼做對你最有利，最好的方法便是向對方解釋，為什麼你無法同意平均分攤差額，例如：「很抱歉，那已經是我可以給的最低價格了。」你還可以視情況在結尾補上「我還有幾位感興趣的買家在等著我。」或是「需要我推薦比較便宜的賣家給你嗎？」這種強而有力的話。此外，你可以試著把球丟回去給對方：「我也希望我有能力平均分攤差額然後成交，但是我真的沒辦法。你最多可以到多少？給我一個數字，我好打電話問問我老闆。」

問題34 沒達成共識就不走出這個房間，好不好？

面對現實吧，協商有時候就是會遇到僵局，這種情況每個人都經歷過。當協商遇到僵局時，「沒達成共識就不走出這個房間，好不好？」會是一個很好的問題。

這個問題有一個好處是，聽起來無害又正面，暗示你也想要達成協議，也或許願意做出額外的讓步。

「沒達成共識就不走出這個房間，好不好？」是獲悉資訊極為有效的方法。切記，協商時，知識就是力量。透過這個問題可以獲得的資訊通常包括以下幾種：

- 對方有多麼想達成協議。一旦對方同意不走出房間，其實已經默認了自己眞的很想達成協議。當你知道對方想要達成協議，你的協商地位將更形鞏固。
- 對方有多麼想要爭取這筆生意。你看，當某人肯定回應「沒達成共識就不走出這個房間，好不好？」這個問題時，往往強烈顯示他希望當天便談成這筆交易。這點非常重要，因爲這代表某種程度的渴望。

■對方願意進一步退讓。對方如果同意繼續協商，代表他有意願爲了達成協議做必要的退讓。

■對方要不是自己有權做出退讓，就是能很快取得准許做出退讓。協商過程中經常會出現一個問題，那就是對方是否有權做出額外的讓步。和沒有充分授權的人談判，是很嚴重的錯誤，因爲你什麼也得不到。你可以做出讓步，對方卻不能。如果他不需要打電話或發電子郵件給他主管，以取得授權做進一步退讓，那便表示他可能擁有完全授權，可以完成這筆交易。

對方同意不達成共識就不離開房間，代表他已經投入大量心力和資源。在會議室中和人協商時，要仔細觀察各種言語和動作透露出的蛛絲馬跡，藉此看出對方是否已經沒有退路。如果你能察覺到這類蛛絲馬跡，會非常有幫助，因爲它能給你極大的協商優勢。一旦你判定，對方如果沒有談成這筆交易就走不出去，就等於聽到他們說：「我們今天來把這筆生意談成吧」，這樣你就可以大力迫使對方做出重大讓步。

記住，讓對方一小步一小步退讓（即使你不需要這麼做）通常是最好的方式，如此才可以顧全對方的面子，讓他可以對主管交代，他所做的一切讓步都是合理的。同時要記住，如果你對協商對象可以稍稍退讓幾小步，通常會比較容易贏得更多對自己有利的條件。當然也別忘了，當你會議室裡的時候，別讓自己看起來非常迫切想要那筆交易，否則你將失去談判的力量。

如果對方回答「不」，那就得留意了。可能的原因有以下幾點：

■ 他沒有權力做出必要的退讓，沒辦法答應你未達共識就不走。在這種情況下，你最好暫時停止協商，等到有權力做出退讓的人出面了，再和那人繼續協商。

■ 他不想顯得太急於達成協議，以免削弱了自己的協商地位。你可以說：「好吧，謝謝你花時間來談，我會選擇其他選項的。」戳破他的虛張聲勢。

■ 他可能沒有時間留下來。如果是這樣，你可以問：「你什麼時候有空？」從他回答的方式，你可以進一步了解，他對談成這筆生意到底有多大興趣。

■ 對方可能會覺得，離大家達成協議還有一大段距離。了解這一點也好，因爲你就不用浪費時間繼續爭取這筆生意了。

你有責任追蹤、判斷對爲什麼不同意未達共識就不走。

看看以下我們實際經歷的例子，看我們如何利用「沒達成共識就不走出這個房間，好不好？」這個問題，將原本已經一團糟、相互對立的一場協商，轉變爲雙贏結果。多年前，我們公司有另一位合夥人，彼此因爲理念不合，想要賣掉公司持股。基於法律限制，他只能將手上的持股賣給我們。

他當時相當需要錢，情況很快急轉直下。他請了一名律師，並威脅要控告我們。我們收到好幾封他律師寄來的惡意信函，看起來好像主被要進入兩敗俱傷的訴訟程序，而且雙方徒然浪費時間，只讓律師賺錢而已。

我們正好在一場會議上，遇見這位前合夥人。見到他時，我問：「沒達成共識就不走出這個房間，好不好？」他同意了，緊繃的情勢立刻緩和下來。我們走進一間安靜的房間，在沒有律師在場的情況下把事情一一談開來。大約一小時之後，我們達成協議。我同意用比原先還高一些的價格，買回他的持股。他很高興，而爲了平和解決這件事情，並避開法律訴訟的成本與干擾，我多付的錢絕對值得。他因爲持股賣得更多錢而感到開心，我們則因爲我們能夠和好並維持友誼至今，而感到高興。由於問了「沒達成共識就不走出這個房間，好不好？」這個問題，才有辦法做到。

另一個例子是耶穌受難日協定。當喬治・米契爾（George Mitchell）參議員遠赴愛爾蘭，談判耶穌受難日協定時，期限訂爲耶穌受難日的前一天，也就是四月九日。雙方不眠不休談判了三十個小時，但是期限過了，雙方還是沒能達成協議。雙方同意搬走時鐘，待在房裡直到達成協議。雙方最後終於達成共識，並簽署了這項協定。同意達成協議才離開，拯救了無數生命，並改善了更多人的生活。

問題 沒達成共識就不走出這個房間，好不好？

怎麼運用

協商遇到瓶頸時，可以考慮問「沒達成共識就不走出這個房間，好不好？」這個問題。這個問題可以幫你有效判斷僵局是否有機會打破、幫你獲取寶貴資訊、讓你的時間不用浪費在一場不大可能有結果的協商上，並讓事情有個結論。

怎麼回應

要能最有效地回答這個問題，重點就在於要讓對方清楚感受到你的協商優勢。你應該避免無條件同意，因為這麼回答可能讓人覺得你急著想完成交易，因而弱化了你的協商地位。要張顯你的協商優勢，可以這樣回答：「我可以留下來再多談一會兒，但是還有其他人感興趣，所以我的時間有限。」或「如果你有點彈性，我們可以同意繼續討論下去。」此外，「你為什麼認為這樣有用？」諸如此類的回答會迫使問話者替自己辯解，進而透露出一些有用的資訊。

問題35 我是不是可以結案了？

做生意時最令人沮喪的事情之一，便是對方不理會你。他們會這麼做有許多原因，可能他們在忙、注意力不在你身上、對你這筆生意不感興趣，或純粹只是懶。筆者曾經運用「我是不是可以結案了？」這個問題，獲得非常好的成果，當你遇到以下這類協商對象時，這會是一個很好用的問題：

- 不回應；
- 做事拖拖拉拉；
- 藉口一堆；
- 無法做出決定；
- 遲遲無法達成某種協議。

我們覺得，這個問題最好是透過電子郵件或信件等書面形式傳達。原因如下：首先，你面對的拖延者可能不接或不回電話。其次，以書面形式提出問題，可以讓對方更為焦慮，因為被問者如今面對的是書面紀錄，證明他沒有好好處理這件事。

這個問題是經過精心設計的，因為它非常禮貌地督促拖延者採取行動，你不是在威脅、吼叫或生氣，而只是在問你是否應該封存你的檔案。這個問題隱藏了另一項好處，那就是你並沒有迫切想要達成這筆交易，這麼做能幫你拉高協商地位。最後一項好處是，當你終於獲得回應時，你通常會收到一個快速、不假思索的回覆，裡面包含寶貴的資訊，同時可以強化你的協商地位。

我們發現，當你的協商對象遲遲不理會你時，無論你是協商過程中的買家或賣家，問「我是不是可以結案了？」這個問題的效果一樣好。無論是在什麼情況，我們建議採一語帶過的方式問這個問題，以便顧全你的協商對象的面子。

經營多年來，我們多次運用「我是不是可以結案了？」我們發現，問這個問題幾乎有一半的機率，可以讓延宕甚久的協商向前推進。

我們通常是在推銷諮詢服務時提出這個問題。在許多情況下，潛在顧客會主動聯繫我們，然後我們會準備一份詳細的提案，並附上依對方需求所訂定的諮詢與訓練服務費用。提供報價之後，石沉大海是常有的事，我們隨後會寄一封電子郵件或是留言給對方。如此三、四次未接獲回應之後，我們便會問「我是不是可以結案了？」這個問題。以下是常見的例子：

弗瑞德你好，

電子郵件和電話都聯繫不到你，我是不是可以結案了？

祝 生意興隆

史蒂夫

筆者曾經多次問這句「箴言」，也都獲得很好的結果。問的結果通常是立即見效，就在提出來的當天便獲得回應了。我們經常獲得以下這類書面回應或語音留言：

史蒂夫：

請別忙著結案。我被一堆工作壓得喘不過氣來，找個時間碰面吧，什麼時間最合適？我們真的需要你的協助——這裡麻煩可大了！

感謝你的耐心！

弗瑞德

請注意，弗瑞德表示了他們眞的需要我們的協助，這類實用的資訊經常會因爲你問了「我是不是可以結案了？」而從對方口中洩漏出來。

即便我們的身分換成潛在顧客，也曾有效運用過這個問題。當我們無法和賣家取得共識而陷入僵局，我們會請協商對象先回去評估一下，看看他們是否能給更好的價格。幾天遲遲未收到對方回覆時，我們會寄一封類似下的電子郵件給對方：

親愛的蘇珊：

非常謝謝妳和我們討論彼此建立長期合作關係的可能性。

但我至今還未收到妳修改過的提案，我是不是可以結案了？

謝謝妳所有的協助！

吉姆

請注意，我們的措辭相當客氣，並以建立長期關係的可能性吸引對方。我們最常收到的回覆則大致如下：

親愛的吉姆：

別急著結案！我和我們團隊談過，我們可以接受你的數字，我剛剛有打電話給你，等一下會再打打看。

期待和你合作

蘇珊

問題　我是不是可以結案了？

怎麼運用

「我是不是可以結案了？」是一個吸引注意力、促使對方採取行動或道歉，以及爭取卓越的協商條款極為有效的問題。最好是採書面發問方式，加上客氣、且不具威脅的態度，以便顧全你協商對象的面子。

怎麼回應

如前所述，回應這類問題時，應該避免提供對方任何可能弱化你協商地位的資訊。具體而言，就是避免懇求對方別結案，或表示你真的需要他們的幫忙。

依情況而定，你可以採取能幫你強化協商地位的方式來回應。意思是說，要在你回覆的資訊裡，無意間透露你並不急，或是你還有備案。例如：

> 泰德，
>
> 謝謝你的來信。由於你堅持你提出的價格，我們想你大概不感興趣，所以我們正和另一名廠商協商，也就快達成協議了。如果你願意再考慮看看，請盡快將修改過的提案寄給我們。
>
> 敬頌崇祺
>
> 吉姆

問題36 某某人還在那裡工作嗎？

提到協商，一個銅板不會響。你的協商對象必須有所回應，才能在合理的時間內完成一次成功的協商。可惜，你經常會遇到不予回應的協商對象。「某某人（你的協商對象）還在那裡工作嗎？」這個問題的目的，便是要應付這類不予回應的協商對象。

你完成協商的時程，可能會因爲協商對象不予回應而變得不可收拾。如果你正在搜尋各個廠商的報價，廠商卻不予回應的話，會導致你的選擇受到限制，進而降低你的協商優勢。如果你有完成協商的時間壓力，把時間浪費在這種不必要的延遲上，可能會讓你付出很大的金錢代價。有時間壓力的情況尤其冒險，因爲不能讓對方知道或猜到你正面臨時間壓力。問對方主管「某某人還在那裡工作嗎？」可以非常有效且立即地，讓一個遲遲不回應的協商對象變得積極回應。

「某某人還在那裡工作嗎？」的弦外之音很清楚，當你問協商對象的主管這個問題時，你想表達的是，這個人輕忽自己的職責，遲遲不回應，讓你以爲這個人一定已經離開那間公司了。這句話潛藏的訊息非常強而有力，問了的結果往往會獲得立即且戲劇化的回應。

「某某人還在那裡工作嗎？」這個問題不應該太早問，也不應該輕描淡寫，更不應該惡意攻訐。要有效運用這個問題，問的時候應該以可靠的事實爲依據，而且是在對方遲遲不理會之後再運用。我們建議，至少要打了三通以上的電話或寄了三封以上的電子郵件，而對方兩、三天都沒有回應之後，再提出這個問題。如果時機還未成熟便貿然提出，你可能會失去信用，讓人覺得是麻煩製造者或瘋子，而且可能惹惱你的協商對象。想讓協商腳步大大向前邁進，爭取對方多座讓步，「某某人還在那裡工作嗎？」是最後才應該用的殺手鐧。

當你運用「某某人還在那裡工作嗎？」這個問題時，應該確保你自己不會表露出迫切想要這筆交易的樣子。如果你急切之情溢於言表，將令你失去協商優勢，問這個問題反而會對自己不利。你必須謹愼地拿捏分寸，讓自己不至於顯得迫切想達成交易，其中一個方法是在問這個問題時，表示自己同時在找其他廠商報價，也表示你很訝異對方公司竟然不感興趣。透過這個方式，等於是在告訴對方，你手頭上還有其他備案。

提出這個問題之後，對方將因此引發一場混亂。還有什麼事會比部屬懶散、因循苟且及不善盡職責，更令主管感到沮喪？因爲自己無法掌控的外在環境而失去交易是一回事，因爲員工未能善盡職責而失去交易，則是另外一回事，後者會令人感到萬分沮喪。我們發現，「某某人還在那裡工作嗎？」這個問題，對於促使對方做出立即、重要的回應，有著令人難以置信的效果。由於這個問題本身具有風險，也由於這可能會對你協商對象的工作產生不利後果，若非有時間壓力，我們不到最後一刻是不會問這個問題的。

「某某人還在那裡工作嗎？」的效果通常是加倍的。當主管被問到這個問題，他可能會立即找來負責和你協商的那個人，了解事情的原委。假如眞的是那個人沒有好好處理這件事，他會因爲讓組織可能失去這筆生意而受到嚴厲斥責。受到斥責之後，你的協商對象絕對不會想要失去這筆生意。我們發現，提出這個問題之後，你協商對象的回應會變得更爲積極，協商時也比較願意通融。

問「某某人還在那裡工作嗎？」可能會收到另一種回應，那就是對方主管向你道歉，並表示會親自處理這件事。這樣的結果對你也很好，協商時，通常最好盡可能和位階高的人協商。此外，對方主管會知道，在這種情況下並不容易說服你，可能得加把勁對你推銷，甚至可能得極其投你所好。

我們發現，這個問題最好能以書面形式提出。透過電子郵件（過去可能是以傳眞或郵寄），你可以充分說明自己如何努力聯絡對方等來龍去脈，以及你現在打算怎麼處理這項交易。我們來看看幾個例子。

筆者在早期是一名衝勁十足的人身傷害律師，曾代表一名在意外中喪失右腿的受害者，而對方無疑要爲這場意外負責。

我聯絡一名負責這個案子的調解員（保險公司指派的），卻得不到回應。我打了第二次、第三次，一樣石沉大海。我接著寄了一封信、傳了一封傳眞，打了更多通電話，他還是不回電。沒半點回應讓我愈來愈沮喪，於是，我拍了幾張當事人腿傷狀況（滲膿等）的彩色照片，寄給這家市值數十億美元保險公司的總裁，並附上以下信函：

> 我是布朗先生的委託律師。從我附上的照片你可以看到，布朗先生的腿傷相當嚴重，誰該為這場意外負責，答案很明顯。我不斷試圖聯絡負責這個案子的瓊斯先生，希望他回電話、回信或傳真（請參考附件），但一直無法和他取得聯繫。
>
> 我只有一個問題：
>
> 瓊斯先生還在貴公司服務嗎？
>
> 謝謝你的協助。
>
> 另：我確定，在正常情況下，貴公司會盡心竭力解決這類毫無爭議的案子。

就在信寄出去之後不久，我接到這家大保險公司總裁親自打來的電話。對話內容如下：

「我收到你的信了，在此向你確認幾件事：

第一，瓊斯先生仍在我們公司服務。

第二，他會立即和你聯絡。

第三，我們會持續真誠提供服務。

謝謝你讓我注意到這件事。喔，對了，請別再寄這類照片到我辦公室了，負責處理我郵件的助理不是野戰外科醫生，不習慣這類照片。」

五天內，那名顯然被狠狠斥責一頓過的調解員打電話向我道歉，解釋這一切是誤會一場，並以對我客戶非常有利的條件，和我一起解決這個案子。

不久前，爲了將某場會議移師至特定地點舉辦，筆者和一家旅館協商合約細節。這項交易將爲該旅館帶來超過十萬美元的營收，而基於種種生意上的理由，我們得盡快完成協商，但我們並不想讓該旅館知道。我們收到一份草擬合約，在做了些記號之後，我們將合約傳回去給該旅館負責這個案子的人。沒回應。我們打了電話、也留了言，請他把修改過的合約傳回來。沒回應。我們後續又打了幾次電話給他，並在語音信箱留言。我們按0尋求立即協助，但是傳回的訊息卻說這個號碼是空號。我們喜歡那位聯絡人，並不想讓他陷入困境，但是我們別無選擇，只能寄一封電子郵件給他的主管：

史密斯先生你好：

瓊斯先生還在貴旅館上班嗎？我們一直試著聯絡他，想要確認一份金額頗高的合約細節，但遲遲無法收到他的回應。我們非常希望一切都順利，請讓我們知道貴旅館仍在考量這份合約，還是對這筆生意並不感興趣。

結果來得非常立即，而且令人難忘。二十分鐘後，我們接到那名主管的電話。他說他相當抱歉，並表示他們目前員工短缺，那名聯絡人一個人得做三個人的事情。他還說他們會在一小時內，將修改過的合約傳回來給我們。一小時後，我們確實收到了。我們不僅獲得回音，對方還同意我們提出的所有要求。在將電子郵件寄給那名主管的短短兩小時內，我們得以替這份合約爭取到極其有利的條件。不僅如此，自從我們發了這樣一封電子郵件之後，該旅館每位員工對我們的態度都相當殷勤，原本遲遲不回應我們的那位聯絡人自然也不例外。

如果你判斷，確實是你的員工沒有回應對方，你就得找出原因。如果有合理的理由可以幫你鞏固協商地位，別遲疑、好好運用。例如：「安傑洛先生，感謝你的來信。我很抱歉塔羅女士沒能回覆你。我們正忙著處裡一堆詢價及生意，她得優先處理最好的潛在顧客，你們提出的價格讓她覺得，你不是在認真詢問。如果你提出的價格有議價空間，請儘管聯絡塔羅女士或我，再次謝謝你來信詢問。」

如果沒有回應對方，是因為合乎情理的緊急事件，你可以考慮如實告訴對方。例如：「我很抱歉塔羅女士沒能回覆你，她家人剛過世，我會馬上打電話跟你討論你的需求。」

你也可以表示，自己這邊並沒有收到對方的任何訊息，這是另一個合理的理由。例如：「我對此感到抱歉。經過調查，我們發現你的電子郵件不知為什麼，被歸到塔羅女士的垃圾郵件裡。她會立即回覆你，再次感謝。」

當你沒有藉口，也很清楚是你員工沒能好好處理時，你應該親自接管（別忘了回過頭去處理那名失職的員工）。但是回應時，不要提供對方任何可能弱化你協商地位的資訊，或是惹惱對方。接管協商，別陷入過去的枝枝節節，將焦點放在交易上。例如：「安傑洛先生，很抱歉沒人回覆你。這件事接下來由我親自負責，請問今天什麼時候打給你比較方便？」

問題 某某人還在那裡工作嗎？

怎麼運用

如果協商對象不回應你，問其主管「某某人還在那裡工作嗎？」不僅可以促使對方加速回應，還可以爭取到更多讓步。你應該在對方遲遲沒有回應之後，再將這個問題當成最後手段提出。在不恰當的情況下提出這個問題，可能會帶來事與願違的結果。提出這個問題最好是採書面形式，問的時候要非常謹慎，別讓自己顯得迫切想要這筆生意。如果你讓渴望之情溢於言表，也可能會帶來事與願違的結果。心腸太軟的人別嘗試這個問題，因為問了這個問題之後，你協商對象的工作可能得面臨重大的負面後果。

怎麼回應

你絕對不會想被問到這個問題。如果你真的被問到，那就表示，要不是你的協商對象是個蠢蛋，就是你的員工沒有妥善處理，再不然，就是電子郵件溝通出了問題。該如何回應這類問題，就要依當時情況而定了。

如果你判斷對方提出這個問題並不公正或心存惡意，就應該問問自己，是不是真想和提出這個問題的人有生意往來。在此情況下，比較恰當的回應方式可能是，客氣地推薦一位你不喜歡的競爭對手給這個人。例如：「謝謝你的來信，我們整體研究過後，認為自己無法滿足你的需求。我建議你聯絡約翰・史密斯先生，電話是五五五一二三四五六七，他可能可以幫得上忙。再次謝謝你來信詢問。」

問題37 你要不要想想，有什麼雙方都能接受的方法？

「你要不要想想，有什麼雙方都能接受的方法？」這個問題，很適合在遇到僵局時提出來。當你相信對方是秉持眞誠之心和你協商，且尋求雙贏局面時，最適合運用這個問題。

「你要不要想想，有什麼雙方都能接受的方法？」這個問題可以非常有效地打破僵局。陷入僵局時，彼此都需要各退一步，跳出框架思考，想想是否有其他新的辦法。這個問題可以爲協商各方重新注入能量，鼓勵他們尋找不一樣的雙贏解決之道。

這個問題的弦外之音很簡單：談判桌上的並不是我要的，我們來找出一些彼此都認同的方案吧。如你同意加入一些創意的想法，我也會同意。本質上，問「你要不要想想，有什麼雙方都能接受的方法？」這個問題是希望雙方同意考慮調整自己的立場、做出讓步、改變要求與條款等。如果你的協商對象給予肯定的回覆，這本身就已經是重大的退讓了。這是因爲，儘管協商對象還沒有同意給予任何具體的讓步，同意想些有創意的方法，等於是承認目前的提案你並不接受，而他默示同意考慮進一步退讓。

這個問題之所以有效，是因爲被問者很難以拒絕。有什麼會比要求對方發揮創意，找出對雙方都有利的解決之道更合理？拒絕的話，可能讓對方覺得你缺乏互助精神，也缺乏眞心誠意。此外，你的協商對象會因爲同意加入一些創意想法，而失去什麼嗎？

「你要不要想想，有什麼雙方都能接受的方法？」還有另一個好處，那就是它輕描淡寫提醒你的協商對象，目前談判桌上的一切並非你想要的。你可能因此掉頭離開，如此一來，你的協商對象將會失去這筆生意。

當你的協商對象給予正面回應時，你最好接著問「你有什麼想法嗎？」或「我們還能找出什麼辦法解決嗎？」或「你要不要想想，看能提出什麼想法？」這麼做的目的是鼓勵協商對象提出提議。幸運的話，這個提議可能包含對你非常寶貴的讓步。

如果你的協商對象，想不出來任何具創意的解決之道，你便得考慮自己提出一套方案。你當然得謹愼爲之，別貿然提出未經過徹底思考的提議。此外還要小心，別提出會讓自己居於協商下風的提議。換言之，如果你的新構想中自己有讓步，也別忘了要求對方做出同樣的讓步。

「你要不要想想，有什麼雙方都能接受的方法？」是一個好問題，因爲無論對方給予正面或負面的回答，對協商都有幫助。如果對方拒絕，這可能是個警訊，代表你的協商對象並非在找尋雙贏解決之道，因此不可能進一步做出任何有意義的退讓。果眞如此的話，你應該認眞考慮掉頭離開，尋找其他替代方案。

多年來，我們在協商遇到僵局、但看來應該可以達成雙贏解決之道時，經常運用這個問題，也都獲得很好的效果。例如不久前，我們想要請人幫忙開發一套客製化軟體，但是程式設計師的開價和我們的預算差太遠了。問了「你要不要想想，有什麼雙方都能接受的方法？」之後，我們終於找出一個以較寬裕的期限，換得降低價格的創意方法。以下是協商過程：

筆者：我們開發了一些軟體，希望請你幫設計程式，我會把規格傳給你。成本是多少？

程式設計師：這並沒有看起來那麼簡單。

筆者：沒錯。

程式設計師：這個先不論，如果規格及專案規模都不變，就二萬五千美元。

筆者：我相信你值這個價格，但是那超出我們的預算甚多。

程式設計師：你的預算是多少？

筆者：預算是七千五百美元。

程式設計師：的確差很多。

筆者：你要不要想想，有什麼雙方都能接受的方法？

程式設計師：你有什麼想法？

筆者：你什麼時候可以完成？

程式設計師：我這幾個月都在忙著幫一些預算寬裕、付款乾脆的客戶設計程式。如果我們在價格達成共識，可能需要三個月。

筆者：如果我們讓你利用工作空檔幫我們開發程式，沒有時間限制呢？

程式設計師：那就比較吸引人了。

筆者：一萬美元如何？沒有時間限制，加上七千五百美元的定金？

程式設計師：成交！可別兩個星期就打來問我完成了沒。

以下是另一個例子。我們曾和許多旅館協商，要在他們的場地舉辦課程及研討會。這些協商有一個共同癥結，那就是旅館往往堅持要我們同意，包下所有爲出席學員預留的客房。旅館業稱之爲「損耗條款」（attrition clause），是非常重要的條款。問題是，萬一出席率不高，這項條款可能會重創我們的財務，因爲我們爲學員預留、卻沒有使用的客房，全都得付錢。我們從不曾同意過這條款款，這類協商往往在這一點僵持不下。以下是多年前我們打破這類僵局的對話過程：

旅館：看來我們已經取得共識了，只剩下損耗條款這一條。

筆者：是的，我們解釋過，這是我們的底線。我們很喜歡你們旅館，希望能成為我們定期舉辦研討會的場所。

旅館：我們了解，但是我們也需要自我保護。

筆者：你要不要想想，有什麼雙方都能接受的方法？

旅館：當然。你知道我們希望和你們合作的。

筆者：要不你和你的團隊腦力激盪一番，看看能提出什麼方案來？

請注意我們是如何建議他們，提出具創意的構想來（也就是讓步）。幾個小時後，我們收到回電。對方表示，如果我們允許旅館密切觀察實際該爲我們保留多少間客房，他們便同意刪除損耗條款。也就是說，如果看來研討會的報狀況名並不熱烈，旅館有權減少幫我們預留的客房數，開放那些房間供其他人預定。這方法是可行的，我們欣然接受，也和該旅館維繫互利的商業關係一直到今日。「你要不要想想，有什麼雙方都能接受的方法？」打破了潛在僵局，獲得雙贏的解決之道。

問題

你要不要想想，有什麼雙方都能接受的方法？

怎麼運用

「你要不要想想，有什麼雙方都能接受的方法？」可以相當有效地幫你打破僵局。這個問題不僅風險低，也很難抗拒。如果你的協商對象同意，就試著鼓勵他們提出具創意的解決之道。如果你的協商對象完全不願意另外想創意的方法，或許就該考慮其他備案，退出這場協商了。

怎麼回應

欣然接受是回應這個問題的好方法，但別忘了把提出解決之道的責任交給對方，如此一來，對方便得把他的讓步納入新提案中。最好不要成為提出解決之道的那一方，因為這麼做可能會迫使你攤出底牌，讓對方知道你可能願意放棄什麼。因此你可以回答：「當然，你有什麼想法嗎？」如果你被迫要提出一個具創意的解決之道，你可以簡單回答：「我要想想看，如果想到什麼，我再告訴你。」

問題38 我們可以私下談談嗎？

這是協商陷入僵局時，另外一個很棒的問題。協商會陷入僵局，過程中的拘謹可能是造成問題的原因之一。常見的狀況是，各方都會擔心自己做出讓步，卻無法讓對方做出同樣的退讓。問「我們可以私下談談嗎？」的目的，便是在各方陷入泥沼、堅持自己立場時，讓協商得以繼續進行下去。

坦誠、非正式的討論，經常會帶來重大的進展，原因如下：

- 能讓氣氛頓時舒緩下來。
- 彼此沒有正式承諾或接受任何事情。
- 非正式的討論能讓對方軟化他們原本不可動搖的立場。
- 非正式的形式，會促進這類測試風向的對話：「如果我能爭取到十二萬五千美元，你接受嗎？」
- 雙方可以各自打電話回公司給主管，暫時取得做出讓步的授權。

■營造出「敵（協商雙方的主管）我（協商雙方）意識」／「我們都在同一艘船上」的思維。在這樣的心態下，協商者往往會因為了解到，彼此都得去討好苛求的主管，因而團結在一起。一旦雙方都體認到，主管可能不切實際地下令撤出協商，雙方會更堅定地想要好好共同解決問題。

從我們的經驗得知，問這個問題獲得的回應幾乎都是「是的」或「好的」。當你得到肯定的回應時，要讓對方了解你現在已經不是在正式協商，可以放下筆、移開筆記本或關上筆記型電腦，藉此讓對方知道。處於非正式狀態之後，就要試著和你的協商對象建立私人連結。接著，你可以開始拋出一些風向球，或是傳達一些你覺得能提升自己協商地位的訊息。我們來看看這項技巧如何幫助我們。

我們過去擔任過執業律師，談了數以百計的和解案件。「我們可以私下談談嗎？」這個問題，對於打破協商過程中的僵局非常有幫助。

律師：你的立場是，這個案子你最多只能付五萬美元？

調解員：沒錯，我最多只能給這麼多，多一毛都不行。

律師：我的客戶卻指示我，低於十萬美元都不接受，少一毛都不行。

調解員：了解。接下來該怎麼辦？

律師：我們可以私下談談嗎？

調解員：可以啊，又不會有損失。

律師：你把筆放下，我也把筆放下。我們該如何面對我那個不合情理的客戶，還有你那個荒謬的經理？如果他們沒有給你足夠的錢，要你怎麼解決這個案子呢？

調解員：你只看到事情的冰山一角，找一天來我們辦公室看看我們的GOYA表。

律師：GOYA？

調解員：是啊，一個掛在牆上的大幅圖表，上面密密麻麻列出所有案子，還有每名調解員要負責解決幾個案子。我們叫它GOYA表——去你的（Get Off Your Ass）表！

律師：還真夠嗆，如果我可以說服我客戶降低標準，你可以讓你經理「去他的」別那麼堅持？

調解員：他們剛剛丟了十一個案子在我桌上，七萬五千美元你能接受嗎？

律師：不，不過我會要他接受八萬美元。

調解員：我去問問我經理。別讓我失望了。

請注意前文中的律師，是如何讓調解員相信自己和他是同一戰線，一起對抗那名調解員的主管。非正式討論最後讓這場協商獲得雙贏結果。

我們曾經在房地產交易中，運用非正式對談這項技巧來和賣方的仲介交涉：

買方：好的，看來我們中間隔著二萬五千美元的價格差距。

賣方仲介：是啊，賣方不傾向再降半毛了。

買方：我們可以私下談談嗎？

賣方仲介：當然可以。

買方：我跟你說，我根本沒有想要搬。我喜歡我們現在住的房子，那裡很不錯。買這房子都是我太太的意思，你結婚了嗎？

賣方仲介：結過，感同身受。我了解你的難處了，我會讓賣方知道你不會再提高價格。

在這個例子裡，賣方降價迎合買方的價格。仲介回去之後透露「機密」資訊，表示買方並沒有很積極想買，讓賣方在價格上屈服。這個問題巧妙地讓仲介與買方結合在一起，有效地傳達出一個強而有力的訊息——買方不甚積極。同時留意仲介口頭透露出的「不傾向」，發展有效的聆聽技巧是構成一場令人滿意的協商的關鍵要素。

問題

我們可以私下談談嗎？

怎麼運用

遇到僵局時問能否私下談談，會是非常有效的協商問題。它可以打破緊繃態勢，讓協商雙方形成特殊關係，並有助於試探對方的想法。

怎麼回應

你可以採取幾個不同的方式來回應這個問題。最常用的方式是簡單回答：「好的」，聽聽看對方要說什麼。如果對方協商的經驗不多，他透露出的資訊可能對你會有不少實質幫助。

反之，如果對方是一流的協商者，他們會以某種方式利用私下談話的內容，來讓你的地位弱化，或把這個問題當做棋子。在這種情況下，你或許可以客氣地拒絕。有幾種方法可以這麼做，例如，你可以用輕鬆的口吻回答：「我的律師一直告訴我，沒有什麼私下談談這種事。」你也可以這麼回答：「我的守則之一便是不聽任何秘密，這會讓一切單純多了。所以，如果你有什麼機密，請別讓我知道。希望你能了解。」此外，你也可以如此客氣地婉拒：「我公司的道德準則規定我們不得私下對話。」

問題39 你可以推薦其他人嗎？

「你可以推薦其他人嗎？」是買家問的問題，非常強而有力，可以立即大幅提升你的協商地位。這個問題的弦外之音既清楚又有力：我要的東西你並沒有給，因此我很不高興。在這種情況下，一切操之在我，我大可積極安排退路，掉頭走人。

像許多出色的協商問題一樣，「你可以推薦其他人嗎？」表面客氣、低調，卻會讓你的對象處於非常困難的處境。你清楚對賣家傳遞一記警告，讓賣家知道就差那麼一點點，就要棄他而去了。一旦這個訊息切中要害（幾乎都會馬上如此），賣家的要不就選擇退一步，要不就是失去你這位顧客。商業或人性本質其實都一樣，那就是賣家在聽到這個問題之後，如果確實可以做出退讓，他們便會這麼做。

如果只是虛張聲勢問「你可以推薦其他人嗎？」這個問題，的確可能隱藏某種程度的風險。如果你的要求、態度不合理，沮喪的賣家可能會很高興地，把你介紹給另一個他不喜歡的競爭對手。如果你真的想要和這位賣家達成交易，而對方果真推薦其他人給你的話，對你而言結果就不理想了。如果你繼續和這位賣家交涉，你的牛皮會被拆穿，並失去絕大部分協商優勢。我們建議，問「你可以推薦其他人嗎？」這個問題時，別只是虛張聲勢，除非你已經準備好冒險處於比賣家還糟的協商地位。

問「你可以推薦其他人嗎？」的理想時機，是當賣家堅持自己不近情理的立場，而你無法接受的時候。在此情況下，問「你可以推薦其他人嗎？」便沒有風險可言，因爲你沒有什麼可以損失的——沒有任何跡象顯示賣家願意讓你如願。

我們發現，這個問題可以神奇地讓原本堅持立場的賣家改變態度。「你可以推薦其他人嗎？」這個問題通常扮演最後一根稻草的關鍵角色，可以快速、果決地幫你爭取到你要求的條件。當我們和賣家陷入僵局，並準備好離開這位賣家時，我們常會用這個問題爲自己帶來豐碩成果。

如果你和賣家有長期的商業關係，問「你可以推薦其他人嗎？」這個問題威脅要掉頭走人，效果尤其大，因爲失去長期客戶的損失相當之大。這類賣家往往會自鳴得意，把你和他做生意視爲理所當然。開始自鳴得意之後，你獲得的服務水準便會每況愈下。隱藏於「你可以推薦其他人嗎？」這個問題背後，帶有要掉頭走人的威脅意味，通常可以讓你立即獲得你要的。讓我們看看以下幾個例子。

我們公司需要印製許多印刷品，但是最近和其中一家常合作的印刷廠不太順利，結果就在我們提出「你可以推薦其他人嗎？」之後，便獲得解決。先交代一下來龍去脈吧。我們多年來一直和特定印刷廠合作，我們委託給他們生意約三萬至五萬美元左右。該印刷廠原本服務相當不錯，卻每況愈下。不久前，我們急需一批印刷品。如果這份簡單的印刷品無法即時印製完成，我們可能會損失二萬至三萬美元的利潤。

我們打電話請廠商報價，沒回應。我們又打了第二次、第三次，解釋情況有多麼急迫。最後，一位我們交涉過的客服人員終於回電話了，她說這是「不可能的任務」，因爲他們很忙，還有其他客戶要處理，可能要幾個星期後才有辦法完成我們要的東西。遺憾的是，他們相當清楚我們兩天內就要了。我們強烈懷疑，和我們交涉的這位客服人員有點懶散，純粹是不太想調整自己的工作時程，是她自己不想做額外努力幫助我們。多做事對她又沒什麼好處。

到了這節骨眼，我們已經忍無可忍了，我們要在兩天內收到成品，如果他們不肯承接，我們便得找其他人來做。透過這位客服人員顯然是不行了，於是我們直接打電話給印刷廠老闆，告訴他我們的需求，還有我們非常訝異他們無法提供協助（你會認爲印刷廠當然要能印出些什麼吧？）。那次對話非常短，我們以極其嚴肅的語調問了這個問題：「恭喜你們業務繁忙到要拒絕我們，成功人人都愛。不過，我們要找的只是一家能幫我們印刷、重視我們公司的印刷廠。我們了解，過去十年來我們只不過是值三十萬至五十萬美元的小小客戶而已，你在這一行這麼多年了，你可以推薦其他人嗎？」問這個問題便彷彿手上揮舞著魔杖，對方立即向我們道歉，表示很感激我們的惠顧，並保證他們絕對可以在我們要求的時間內完成。至於印刷廠老闆和那名負責面對我們的客服人員事後怎麼談，就只能任憑我們自己想像了。

我們之所以可以爭取到我們要的，原因在於我們找到對的人（這一點的重要性，請參考第二類問題）、也問了對的問題。對的人是老闆，老闆如果不同意我們的要求，損失就慘重了。那名客服人員是刻意不理會我們，如果她答應幫我們，就等於承諾要多做事，但她顯然不想太這麼做。

對的問題則是「你可以推薦其他人嗎？」這表示我們準備掉頭走人。我們清楚地在對話中，鋪陳我們提出的是合理的要求（請印刷廠印刷）。爲了善用這個問題，我們還向老闆強調如果我們掉頭走人，他將損失三十萬至五十萬美元。一如預期，問「你可以推薦其他人嗎？」立即讓我們完全爭取到我們想要的。

以下是另一個例子。筆者最近想請一名已經合作多年、定期有業務往來的承包商做一些事，這項工作得在幾個星期內完成，時間並不急迫。我打電話到承包商的辦公室，是助理接的。我說明我的需求，結果和他助理的對話簡直荒誕不經，甚至說得上是滑稽。我們顯然遇到一位未經授權、沒有進取心、缺乏常識、又沒半點彈性的人。以下是對話過程：

筆者：你什麼時候可以過來？

承包商助理：明天大約八點至十二點。

筆者：呃，我明天九點到十點有非常重要的事情，可以改個時間嗎？

承包商助理：沒辦法。

筆者：好吧，那你可以十點以後再過來嗎？如果可以，就明天施工。

承包商助理：不行，真的沒辦法。

筆者：好吧，不然我們改日期吧。

承包商助理：很抱歉，我們原本就規畫明天是要幫你們那一區施工。

筆者：你是說，明天八點到十二點，是從現在到無限的未來之間，你們唯一一段可以過來施工的時間？

承包商助理：那是我們會在你們那一區施工的時間。

筆者：你可以請老闆打電話給我嗎？我的行動電話是XXX-XXX-XXX。

承包商助理：我會轉告他。

傍晚老闆打來了。我把自己和他助理的那段精彩對話告訴了他，並且爲打擾他們道歉，接著我問：「你可以推薦其他可能會想來這裡施工的人嗎？」他即回答：「不需要，如果你時間方便的話，我會請人在星期四早上八點過去一趟。」施工人員當天果眞準時抵達。再次，找上對的人（老闆）對的問題，才讓對方同意我們非常合理的要求。

問題

你可以推薦其他人嗎？

怎麼運用

如果你願意離開賣家，你便可以問他們：「你可以推薦其他人嗎？」當你遇到僵局，也的確願意轉身走人時，問這個問題的效果最大。如果用來問一位彼此有長期往來的賣家，效果尤其大，因為一旦你掉頭走人，他們的損失可大了。「你可以推薦其他人嗎？」最好是拿來問賣家手上握有充分授權的那個人。虛張聲勢問這個問題其實是有其風險的，賣家可能會戳破你的牛皮——尤其當你的要求不近情理或你是一個難纏之人時。

怎麼回應

這個問題怎麼回應最恰當，要視你談判的優勢、目標及你願意承擔多少風險而定。如果你覺得自己的協商地位穩固，也有好的備案，有效的回應之道便是戳破對方的牛皮。例如：「當然，你有筆記一下嗎？市場上有許多不入流、居心叵測的業者，或許比我們便宜，時間也比我們多。」

反之，如果你的確有協商空間，別認為對方是在虛張聲勢，也別冒險失去這筆生意，有種好的回應方式是，把焦點拉回協商上。例如：「我不認為有那個必要，我相信我們一定可以找出可行之道。」或「呃，如果你需要的話，我們明天當然可以去你那裡一趟，沒問題。」切記，如果問這個問題的人是長期往來的寶貴客戶，你通常得特別謹慎處理，別失去這位客戶。長期往來的客戶非常寶貴，也可能非常難取代。

問題40 你可以給我什麼，讓我回去跟老闆交代？

協商的目的是爭取退讓。「你可以給我什麼，讓我回去跟老闆交代？」是一個簡單的問題，可以非常有效鼓勵你的協商對象做出讓步。這個問題的弦外之音相當簡單：我老闆是最終決策者，我得在我老闆面前有所表現，他現在很不滿意，我得帶點好處回去，好完成這筆交易。

在艱難的協商狀況中搬出老闆這塊招牌，有許多好處。第一，點出你老闆要什麼，等同於告訴對方你不只「想要」更多退讓，你是「一定要」。如果你的協商對象認為，你必須獲得讓步才可能成交，他將同時意識到，如果無法給予退讓，將可能扼殺這筆生意與商機。

問「你可以給我什麼，讓我回去跟老闆交代？」的第二個好處是，有助於將彼此聯結在一起。每個人都有老闆，點出你是在你老闆的控制之下，讓你和協商對象有更多共鳴，因為他們的處境可能和你一樣。如果對方同情你、認同你，比較可能給予你退讓。此外，是你老闆、而不是你要為你提出的要求負責，有助於降低協商過程中可能產生的任何敵意或反感。

問「你可以給我什麼，讓我回去跟老闆交代？」的第三個好處是，大致上會讓你處於較有利的協商位置。這是因爲這個問題強烈表示，每一件事都必須經過你老闆同意。這點好處是，你可以確切表示自己沒有獲得授權，無法給予對方想要的讓步。

問「你可以給我什麼，讓我回去跟老闆交代？」的最後一個好處是，移轉了協商的焦點，迫使協商對象找出能滿足你需求的方法。

問「你可以給我什麼，讓我回去跟老闆交代？」的最佳時機是，當協商陷入僵局時。這時候發問會讓這個問題更加強而有力，因爲這同時暗示，如果沒有達成更多讓步，協商很可能會失敗。在這種情況下，你的協商對象如果沒無法給你進一步的退讓，便形同冒著失去這整筆交易的高度風險。你的協商對象會因爲擔心失敗，而被迫進一步給你你想要的讓步。

爲了讓你自己處於問這個問題的最佳位置，指派一位沒有充分授權能讓組織承擔責任、並做出退讓的人進行協商，或許是一個好方法。如果你的協商對象就是老闆，上頭再也沒有其他人了，他便無法問這個問題。有時候，稍微修改一下這個問題，便可以用於以下情境：「你可以給我什麼，讓我回去跟我董事會、員工、團隊、另一半、合夥人等一個交代？」這個意思是一樣的：我得對其他人負責，我還要多一點東西，好去說服他們。

最後一點，請注意這個問題的措辭。協商時，問題怎麼問非常重要。「你可以給我什麼，讓我回去跟老闆交代？」之所以這麼有效，原因之一是，簡單回答「什麼都沒有」或許過於刺耳、也不合乎情理。這個問題的措辭讓你更可能爭取到某類退讓，即便只是小小的退讓。

我們經常問這個問題，以爭取更好的條件，而且向來都有效。例如，我們最近和一家潛在廠商，協商一紙數十萬美元的合約。筆者負責這場協商，來來回回角力了兩個星期。我們先是獲得不少讓步，但是接著便不再有讓步了，協商頓時陷入膠著。後來，筆者打電話給那家潛在廠商。以下是協商過程：

筆者：珍妮，謝謝妳的提案，還有妳付出的努力。我想這提案看起來非常吸引人，但是還沒有說服我老闆。他執意認為我們應該再找別的出路。妳沒見過他，這麼說吧，他是一個「堅定不移」的人。

廠商：哇，你要的我們幾乎都已經給了，我不知道我還可以給什麼。他要什麼？

筆者：員工住房費率再少收一些。他非常堅持這一點，因為另一家廠商提供員工每晚九十九美元的住房費率，而你們這裡一晚卻收一百五十美元。

廠商：嗯哼。

筆者：妳能給我什麼，讓我回去跟老闆交代？

廠商：我想想看。

隔天，廠商打電話來，又多給了五千美元的讓步。請注意我們等到什麼時候才問：「妳能給我什麼，讓我回去跟老闆交代？」我們直到已經使協商對象瀕臨她的極限，看似遇到僵局時，才把取得老闆的核准搬上檯面，明確告訴對方我老闆為什麼不滿意，並強調我們手頭上的備案，幫助自己在遇到僵局時，進一步爭取最後的重大讓步。

我們經常鼓勵我們的員工，利用這個問題幫公司爭取較好的條件。以下簡單介紹，就以我們請員工把公司部分工作外包給廠商為例。我們訓練我們的員工，先蒐集各廠商的報價，接著再訓練他們讓這些廠商相互抗衡，以坐收漁翁之利，獲取比較低的價格。然後，我們會告訴員工多幫自己爭取一些讓步。當他們問要怎麼做時，我們會請他們告訴廠商，他們老闆要比較好的價格才會同意，並問「你可以給我什麼，讓我回去跟老闆交代？」我們發現，最後這個問題通常能帶來額外的退讓。我們員工非常樂意運用這項技巧的原因之一是，我們不是要他們去當壞人，而是可以把責任推到我們身上。

問題 你可以給我什麼，讓我回去跟老闆交代？

怎麼運用

問「你可以給我什麼，讓我回去跟老闆交代？」會鼓勵你的協商對象做出最後一步退讓。這個問題最好在協商遇到瓶頸時再提出。要問這個問題，可以考慮指派一名沒有充分授權的人去和對方交涉。

怎麼回應

你可以採取三種方法來因應這個問題。第一，你可以吞餌上鉤，給予小小的讓步，條件是要立即成交。如果你還有協商空間，可以有效結束這場討價還價，這個方法或許值得一試。你的協商對象會因為迫使你做出額外退讓，覺得自己很厲害。例如：「這個嘛，我已經非常努力了，我可以問我老闆，看看如果今天就簽約的話，我們可不可以提供三十天免費的優惠。」

處理這個問題的另一個方法是，表示你非常樂意直接和對方的老闆談。如果這只是一著棋，對方有可能會說他老闆沒時間、也沒興趣和你談，你就可以有效擋掉這個問題，例如：「我很樂意直接和你老闆談，我整天都有空，他隨時可以打給我。」

第三種處理辦法就是，視這個問題為一個機會，重申你產品與服務的好處，把壓力丟到對方身上。這麼做的目的是開啟另一項推銷業務，試圖建立力量。例如：「你可以告訴他『你一定會愛上這個產品』，而且它會幫你省下許多時間與金錢，但是我們的促銷只到今天，因此他得趕快作決定。」

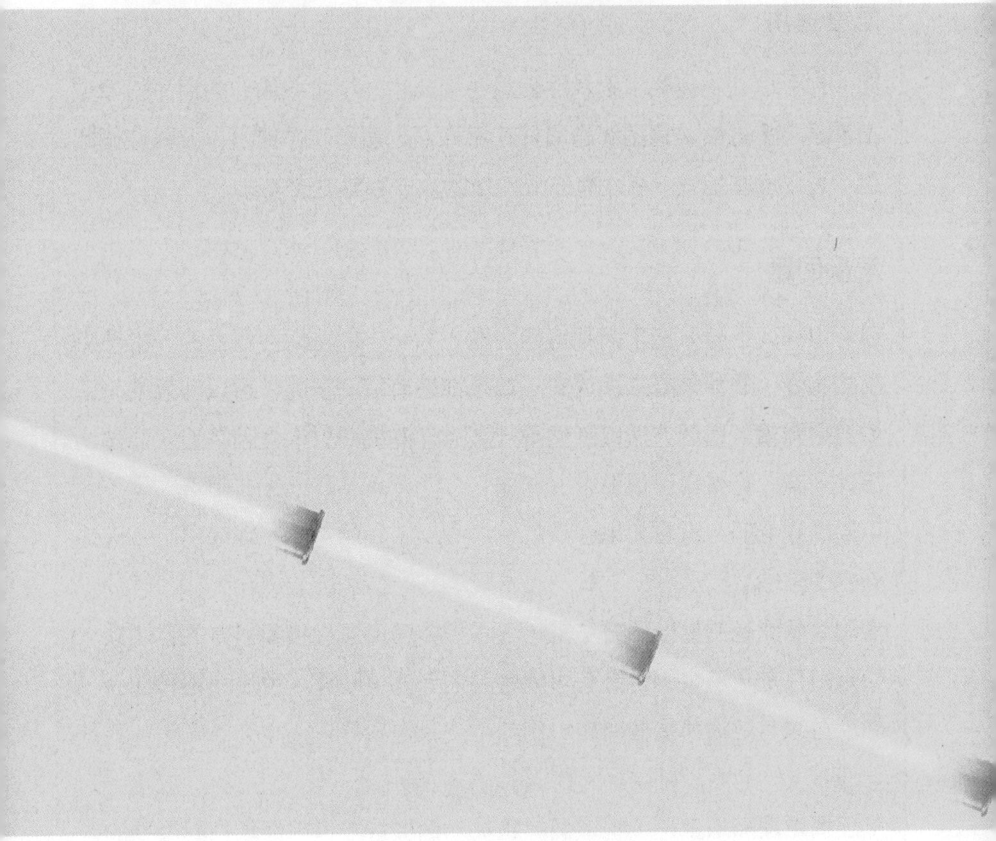

第九類 敲定成交

任何協商最困難的部分，就是成交。對方可能遲遲不願意達成最後協議，因為如此一來，便形同他們已經答應了這筆交易。第九類的問題可以幫你達成協議，順利成交。

問題41 沒問題的話，我就請律師把合約傳過去？

多年來，我們學到了以下五點教訓：

一、要讓協商定案並不容易。
二、魔鬼通常就在細節裡。
三、律師的動作可能慢到令人難以忍受。
四、請你自己的律師草擬協議，通常會對你比較有利。
五、長期、複雜、正式的合約，會拖緩公司步調，耗費大量的時間。

「沒問題的話，我就請律師把合約傳過去？」這個問題的目的便是要解決以上所有問題。顯然，只在需要或要求書面合約的時候，才適合提出這個問題。企業對企業協商是最適合問這個問題，在這種情況下，你的協商對象有彈性選擇由誰草擬合約，許多大型組織會要求內部律師負責草擬合約，或是要求採用制式合約。

協商過程中，你的協商對象往往會對你提出的合約抱持些許懷疑。例如，如果你表示：「呃，假如我們把價格降至一個月一萬美元，但是期間拉長至十六個月呢？」對方的答案或許會是：「我可以接受」或「聽起來很吸引人」，而不是明確的：「你爭取到這筆交易了！」「沒問題的話，我就請律師把合約傳過去？」目的是要讓你的協商對象回答「好」，藉以結束協商，不讓對方繼續推拖或要求更多讓步。因此「沒問題的話，我就請律師把合約傳過去？」是一個很好的問題，可以幫你將協商推進到有產生結論。

問「沒問題的話，我就請律師把合約傳過去？」的另一個好處是，能讓對方同意由你的律師草擬初步合約。由你律師草擬初步協議的好處包括：第一，律師草擬合約速度可能非常、非常緩慢。你無法掌控對方的律師，卻比較能掌控自己律師的進度，因此你可以比較快從自己律師那裡取得合約。由於延遲會造成金錢上的損失，快速走到最終執行階段，通常會是一項很大的益處。此外，延遲可能會讓你的協商對象有機會改變心意。

其次，許多合約裡的惡魔，通常是隱藏在細節及法律用語之中。由你自己的律師草擬初步合約對自己比較有利，因爲你的律師想必會欣然爲你在白紙黑字的合約上，好好保護你的利益。對方當然會要求修改初步合約，這是可以想見的。不過，你還是處於較有利的位置，因爲協商會是從你自己的律師草擬、對你有利的合約文字開始。

從多年累積的經商經驗中，我們見過許多口頭交易最後以失敗收場，或至少在草擬正式合約時遲遲無法完成。最常見的理由是，其中一方設計的合約不僅冗長、高度複雜，而且完全倒向該方。如果是由你的律師草擬合約，你可以要求律師讓合約盡量簡單，避免過於武斷地採取偏向一方的文字。盡可能讓合約的篇幅維持在一頁，想讓交易在合理的時間內完成，簡短扼要的書面合約絕對有很大幫助。

你的協商對象通常會樂於讓你的律師草擬初步合約，因爲如此一來他們就不用花時間，也不用花金錢去做這件事了，而且這麼問可能會令他們措手不及，無法意識到這項退讓的重要性在哪裡。的確，這個問題相當的一大特點，也是它吸引人的地方之一，便是你願意請自己的律師準備合約，並負擔這筆費用，這顯然是你釋出的退讓。不過在許多情況下，你支付的這筆法律費用絕對值回票價，因爲如此一來，你才能盡早執行對自己有利的協議。

這個問題的最後一點好處是，它的風險很低。「沒問題的話，我就請律師把合約傳過去？」是一個實際、不唐突的問題。最糟的情況不過就是你的協商對象以某種形式回絕。而他們拒絕的原因，可能是因爲他們並不認爲已經和你達成共識了，或者是他們無法同意由你律師草擬初步合約（通常是因爲他們基於公司政策，必須採行標準合約或是由自己的律師準備初步合約）。

我們來看以下兩個相關例子。多年前，我們曾經幫專業人員製作一系列教育錄影帶。製作這些錄影帶的部分條件是，由某個大型非營利組織負責配銷，而我們和該組織對分錄影帶的營收。我們製作了數百份錄影帶，每份售價五百美元，因此涉及的金額相當龐大。

在我們和該組織的主管握手達成口頭共識之後，對方表示他們會請法務部門傳一份協議書給我們。我們等了又等，經過幾週時間，加上不斷追問「合約呢？」之後，我們終於收到一份草擬的合約。合約長達數頁，而且非常強橫，因此我們又花了好幾週來回協商我們可以接受的條款。期間，這項有時間壓力的錄影帶製作專案呈現停滯狀態，金錢隨著一天天的拖延而流逝。如果當初我們於協商結尾時問：「沒問題的話，我就請律師把合約傳過去？」我們可能就可以提出細節對自己比較有利的合約，也可能可以避免代價高昂的拖延。

和這個組織的錄影帶生意，結果是成功的。一年後，我們又向該組織提出另一筆錄影帶交易。這一次，我們在討論結束之後記得問：「沒問題的話，我就請律師把合約傳過去？」他們同意了。因爲是由我們的律師草擬初步協議，這項合約細節對我們有利多了。更重要的是，該組織很快便將修改過的合約傳回來給我們。最後的合約更加有利，執行起來也更加及時。

問題 沒問題的話，我就請律師把合約傳過去？

怎麼運用

「沒問題的話，我就請律師把合約傳過去？」是一個風險低的問題，對於促使協商獲致結論非常有用。這個問題也可以幫你加速最終合約的執行，讓最終合約裡的細節更能保護你的利益。

怎麼回應

這個問題有幾種回應方式，如果你對於目前的條件還不滿意（或只是想要多爭取到一點優惠），你當然可以以此作為要求進一步退讓的機會。由於你的協商對象熱切想要完成這筆交易，甚至願意支付額外的法律費用，你或許能幸運地再爭取到最後一、二項讓步。例如：「我不認為我們準備好了，但是如果你再降個二千五百美元，我們便可能同意。」如果他們同意這項最終讓步，你當然還是可以堅持請你的律師來草擬合約。

第二種回應之道是，提議由你自己的律師來草擬合約，或許你還可以再多爭取到額外的退讓。例如：「我跟你說，我的律師是領固定薪資的。我們會請律師草擬合約，你就可以省下二千美元的律師費。我們平均分攤這筆費用，你就從你要求的價格中，再降個一千美元，如何？」

第三種處理方式是，告訴對方這是你公司的政策。這種情況相當常見，例如：「很抱歉，當我們一切確定、準備好簽約時，我們必須使用我們的制式合約，這是我們的公司政策。」

最後一種回應之道是簡單回答「好的」。如果你滿意這筆交易的條件，希望能成交，而且你不擔心合約的文字，更想省下一筆律師費，這是最好的回應方式。

問題42 我們X月X日（月底）找個時間簽約好嗎？

多年前，我們和一名業務員協商一筆六位數字的採購案。這場協商歷經多時，卻遲遲無法獲得太多對我們有利的條件。有一天，我們接到那名業務員的電話，這通電話顯示他考慮有欠周詳地，他說：「我們有辦法在這個月底前定案嗎？」這句話就讓我們恍然大悟，顯然，那名業務員的佣金及業績目標將於這個月底結算。我們決定善用這一點提升自己的優勢，於是我們回答：「我們這幾天比較忙（二十八日及二十九日），三十日星期三那天，我們可不可以找個時間把它確定下來？」當三十日那天碰面時，我們堅守自己的協商地位，協商過程變得對我們相當有利，那名業務員對於許多懸而未決的條款比較沒那麼堅持。更重要的是，我們學到一項新的協商技巧與問題，多年來也一直成功運用在各種協商場合。

現在我們和仰賴傭金收入的業務員協商時，通常都會設法將成交或最終協商的時間，安排在月底、季末或年終。簡單的作法便是問對方：「我們X月X日找個時間簽約好嗎？」試著將你希望會是最後協商會議的時間安排在月底、季末或年終。我們發現，業務員在面對會決定他們是否達成業績，或是下個月會爲公司賺進多少錢的最後期限時，彈性通常大得多。

問「我們X月X日找個時間簽約好嗎？」有幾點明顯的限制。除非你面對的是在意月底數字的業務員，否則這個問題不會對你帶來任何好處。個人向個人購買二手車或割草機，便不是問這個問題的適當時機。

問「我們X月X日找個時間簽約好嗎？」的最佳時機是，當協商進行好一段時間，並陷入困境的時候。在此情況下，業務員很可能了解自己得做出退讓才能成交。面對會影響他自己及家人有的月底截止日期時，你的協商對象最可能做出退讓。隱藏在這個問題背後的訊息是：你想要趕緊成交。這一點會刺激他盡一切可能讓你點頭答應。

不過，如果你想趕快談定交易，便不適合問這個問題，這是這個問題的另一項限制。如果你的營運會因此中斷，利潤日復一日流失（例如，因爲某項重要設備需要汰舊換新），問這個問題拖延時間便非明智之舉了。顯然，問「我們X月X日找個時間簽約好嗎？」最合適的時機，是當你沒有急著要談成這筆交易的時候。

以不經意的態度問「我們X月X日找個時間簽約好嗎？」效果最好。千萬不要太明顯表現出，要將業務員逼到月底的樣子，這麼做會讓你看起來將工於心計，很可能產生反效果。

和專業的業務員協商重要採購案時，應該經常運用「我們X月X日找個時間簽約好嗎？」這個問題。只要你的採購案沒有時間壓力，而你又能不著痕跡地問這個問題，在此情況下問這個問題的風險較少。問這個問題通常會有不錯的結果，這問題風險最低而且往往有效，所以應該經常運用。

最適合問「我們X月X日找個時間簽約好嗎？」的情況是，當業務員明確要求在月底（或季末、年終）之前完成這項交易時。我們發現，發生的機率遠比你想得到的還高。口頭洩漏出的訊息非常寶貴，讓你可以了解這名業務員急於在期限內完成這筆交易。擅長聆聽的人往往可以在這種情況下聽出端倪，例如不久前，我們收到一名業務員寄來的電子郵件，我們當時正和他協商一筆五位數字的交易。信上表示：「如果我們可以設法在月底前簽約，我會非常非常感激。」在此情況下，選擇在期限前進行最終協商會議，對自己非常有利。

問題

我們X月X日（月底）找個時間簽約好嗎？

怎麼運用

在協商方面最重要的經驗之一是，「期限」可以化不可能為可能。和靠傭金收入的業務員協商時，我們從早期經驗學習到，月底、季末和年終，會是你用來提升自己協商優勢的重要期限。要讓期限成為你的優勢，有個相當簡單的方法是，將最終協商會議安排在非常接近月底、季末或年終的日子。如果可以輕描淡寫地問：「我們X月X日找個時間簽約好嗎？」不僅風險低，還能因此爭取到比較好的條件。如果業務員自己透露希望能在月底完成交易，問這個問題尤其有效。

怎麼回應

這個問題該怎麼回應最適當，要看你是不是賺傭金的業務員，或是有沒有面臨公司內部未言明的月底壓力。如果你沒有這類期限壓力，也想要避免顯得過度急切，你可以很簡單回答：「聽起來不錯，三十日早上九點如何？」（要在協商時令對方印象深刻，方式之一是利用你可以和他對談的時間。例如，如果你想讓對方認為你是一名努力而且有問必答的人，你可以對他說，早上五點半或六點，或是任何你平常會抵達辦公室的時間，就可以和你聯絡了。其弦外之音相當清楚：我是一個努力、有效率的人）不過，如果公司內部有給你期限壓力，你最好的回答或許是拿起電話，馬上讓事情定案。

問題43 我的提案是否符合你的需求？

筆者從早期擔任律師的訓練中學習到，**怎麼問**的重要性並不亞於**問什麼**。我們的經驗是，如果想使被詰問者回答出你想要的答案，便利用封閉式問題（close ended question）。此外，我們還學習到，詰問時千萬別問開放式問題，因爲你接著將無法掌控你所得到的答案。

協商時，你如何精準提問極爲重要。「我的提案是否符合你的需求？」是一個客氣、溫和的問題，可以使對方在無需協商的情況下，便同意你的條款。事實上，這個問題目的是爲了完全避免任何協商。問這個問題的人其實是想在不經協商的情況下，獲得一個「是」或「否」的答案。如果對方回覆這項提案不符合他的需求，你並沒有讓自己陷入困境，因爲你可以說「接不接受隨你」。你可以考慮是否要退讓，也可以明確表達「接不接受隨你」的立場。

我們再來談談我們說**怎麼問**是什麼意思。假設你在某場協商中問：「你覺得我的提案如何？」表面上聽起來很像是：「我的提案是否符合你的需求？」其實不然。「我的提案是否符合你的需求？」是一個封閉式問題，對方只能回答「是」或「否」。「你覺得我的提案如何？」是一個開放式問題，對方可以有任何回應，包括批評、抱怨、要求退讓及其他問題。「你覺得我的提案如何？」還會讓人有一種你軟化協商立場的印象，因爲你正傳達出的訊息是，你對於變更提案是有彈性、開放的。

協商時，沒人喜歡聽到「接不接受隨你」這類字眼。首先，聽到這幾個字通常意味著你將無法進一步爭取到退讓。第二，這幾個字本身會令聽的人相當不悅，因爲這表示說這話的人擺明沒興趣聽聽你怎麼說。「我的提案是否符合你的需求？」相對溫和得多，如果想讓協商對象同意、不變更你提出的條款，這個方法相當有效。這個問題的特性是，表面上看起來有考量到你協商對象的需求與想法，實質上則否，因爲你的協商對象只能在「是」或「否」之間做出選擇。

當你手中握有壓倒性的協商優勢，可以運用「接不接受隨你」時，問「我的提案是否符合你的需求？」這個問題特別有效。想要成功地在這種情況下提出這個協商問題，關鍵就在於要讓你自己置於一個如岩石般穩固的協商地位。你可以自行規畫備案和蒐集資訊，藉此奠定協商地位。此外，如果你能夠判斷出協商對象的選擇不多、時間壓力緊迫，或是很想要談成這筆交易，你同樣會處於比較優越的協商地位。

當你企圖箝制一場冗長乏味的協商脫離你原本的提案時，也可以問「我的提案是否符合你的需求？」這個問題。在這種情況提出這個問題的好處有二：第一，協商中，儘管你手上可能沒有優越的協商優勢，卻可以藉由提出這類有自信的問題，讓你自己在表面上顯得占上風；第二，這個問題的措辭，會使你的協商對象簡單回答你想聽到的「是」。

「我的提案是否符合你的需求？」的最後一項好處是，提出這個問題的風險很低。在問這類問題之前，你應該先想想任何可能發生的風險。那就是，如果對方回答「不」，或是提出他的建議時，你該如何回應。經驗豐富的協商者會事先做好準備，以回應對方的「不」，他們或許會明確表示「接不接受隨你」、也或許會藉由問「你特別在意的問題是什麼？」探討如何相互讓步。如前所述，「我的提案是否符合你的需求？」的主要優勢是，它能爲你帶來的彈性空間遠勝於直接丟出「接不接受隨你」，也讓這個問題的風險比表示「接不接受隨你」低許多。此外，如前所述，這個問題並沒有冒犯對方之意，因爲它措辭溫和，甚至看起來有將你協商對象的想法納入考量。

我們來看看幾個於協商中運用「我的提案是否符合你的需求？」這個問題的例子。擔任顧問及訓練師是筆者的工作之一，我們將自己定位在範圍相對較小的利基市場，諸如訓練專家證人如何更有效作證、讓專家證人了解如何開發業務，此外還提供協商諮詢。在這類訓練與諮詢利基市場裡，競爭不大，也沒有習慣定價（customary pricing）。我們每次受雇提供服務時，可能需要投入無止盡的時間，在通常沒有結果的協商上。如果我們投入太多時間協商，就沒有太多時間可以賺錢，因此我們常常提出「我的提案是否符合你的需求？」藉以展現自己的協商優勢，並使協商對象接受我們提出的價格結構。以下的例子，是最近我們遇到和訓練案有關的狀況。

潛在顧客：你好，我是某家《財星》五百大企業的訓練總監，希望你能於八月十五日前來紐奧良一趟，協助訓練我們一百名的顧問如何更有效作證。

筆者：你是從哪裡知道我們的？

潛在顧客：我們有兩位顧問參加過你們舉辦的課程，他們對課程讚不絕口。

筆者：你們顧問的收費標準是如何？

潛在顧客：每小時四百五十美元至六百五十美元。

筆者：那麼我們的報價是一萬五千美元，包括一切費用在內，例如學員手冊、差旅等。我們的提案是否符合你的需求？

潛在顧客：哇，能不能少收一點？

筆者：我們是提供這類訓練經驗最豐富、最有效的業者。如果你需要的話，我可以給你幾封推薦信函。我們會閱讀、審閱數千頁由貴公司員工提供的文件，以便進行逼真的模擬主詰問與反詰問。我們的產品非常好，一萬五千美元已經是我們最好的價格了。

潛在顧客：讓我先和主管討論一下。

他們兩個星期之後回電，同意以一萬五千美元聘請我們。我們問「我們的提案是否符合你的需求？」強化了我們所具有的協商優勢，不僅阻絕了客戶討價還價，還輕描淡寫地引導他們接受我們的提案。此外，這個問題也有助於盡快達成結論，讓我們不會浪費時間去無止盡地協商價格。

我們來進一步分析這個例子。首先讓我們聚焦於談判優勢，請注意我們如何設計我們要問的問題，以增加自己的談判優勢。客戶最常得知我們的方式是，透過正面的口耳相傳，這是爲什麼我們要問對方是從哪裡知道我們（請參考問題一），我們希望能從他們口中得知，我們是受到極力推薦的。爲了幫自己建立優勢，我們還問了他們顧問的收費水準。顧問業是相當吸引人的事業，每年能帶來數億美元的商機。這一點讓我們確認，他們顯然付得起我們我們要求的費用。

接著我們來看看，盡可能運用溫和、禮貌且專業的措辭，有什麼好處。當提出提案時，我們表示：「一萬五千美元，包括一切費用在內，例如學員手冊、差旅等。我們的提案是否符合你的需求？」不用多說，這遠比我們直接表示：「一萬五千美元，包括一切費用在內。接不接受隨你。」還不會冒犯對方、還少風險，也更爲專業。如果我們明確表示：「接不接受隨你。」潛在顧客可能會覺得自己被冒犯了，因而再也不願意和我們往來，無論價格如何。

最後，來談談「我們的提案是否符合你的需求？」留給我們的迂迴空間，以及它如何成為我們的優勢，讓我們不至於因爲提出全然沒有彈性的要求，而讓自己陷入困境。就以前述的例子爲基礎，假設潛在顧客回應表示，要和我們簽署年度訓練合約，希望我們在價格上能做出讓步。我們當然會對長期生意非常感興趣，因此，問「我們的提案是否符合你的需求？」讓我們處於獲取這類機會的位置：

筆者：一萬五千美元，包括一切費用在內，例如學員手冊、差旅等。我們的提案是否符合你的需求？

潛在顧客：假如我們簽長約，請你們每年回來提供訓練呢（請參考問題二十五）？你的價格議價空間有多少？（請參考問題二十六）

筆者：如果是最低三年的合約，我們可以接受每年一萬二千五百美元。

潛在顧客：成交。

問題 我的提案是否符合你的需求？

怎麼運用

「我的提案是否符合你的需求？」是一個精心設計的問題，原因包括：第一，這個問題禮貌、專業，因而沒什麼風險；第二，這個問題輕描淡寫地促使被問者，在未經進一步協商的情況下接受你的提案，並打消他提出自己方案的念頭；第三，「我的提案是否符合你的需求？」會讓人感覺，你認為自己擁有協商優勢，這點非常有用；最後，「我的提案是否符合你的需求？」可以給你充分的彈性，以回應協商對象的負面回應，或是他們自己提出的提案。

怎麼回應

回應這個問題的方法之一便是，簡單回答「不」，如此回答不僅讓人覺得，你認為自己處於優勢地位，也讓對方知道你覺得提案中少了點什麼。你的直率回答可能會讓對方對你的堅決與自信印象深刻，不過風險當然是，對方或許會因此掉頭走人。

另一種可能的回應方式，或許可以幫你建構協商優勢，那就是：「很抱歉，但是我們還沒仔細研究過，我們正和幾家廠商聯絡，我們看過所有提案之後會回覆你。」這類回應會展現出你並不急，也正積極尋找備案，因此能夠為你建立協商優勢。

第三種回應方式是，在你的回答中明確表達自己的協商優勢，這麼做應該會帶給你一些協商空間。實際作法是，不要直接回答「我的提案是否符合你的需求？」而是回答「你覺得我的提案如何？」這個問題。

第十類

心理戰術

害怕、貪婪、奉承及不確定性，都可以成為你協商時的優勢。最後這類的問題，可以幫你利用微妙的心理壓力，爭取到你想要的協商目標。

問題44 為了這個提案，你們投入多少時間、努力與金錢？

當你的協商對象顯然投入相當多努力想達成交易，就很適合問這個問題。你的協商對象付出愈多時間、努力、費用、心力及規畫，就意味著他們爲了達成協議的投入便愈高。這有助於提升你在協商中的優勢。協商過程中（通常是遇到僵局時），如果你能在精準的時間點提出這個問題，將有助於了解以下幾點：

■你的協商對象眞的投入太多，無法空手而回。

■如果他們眞的掉頭離去，所有投入的時間與金錢都將付諸流水，他們便得爲這項損失，向同事及主管好好解釋一番。

■你的協商對象可能得進行成本效益分析，評估看看哪一選項代價較高——是要未達成協議便離開，還是要比他們原先規畫的再多讓步一些，以求達成協議。

■反之，你這方並沒有大量投入，也準備好隨時可以離開。

■你對於協商對象顯然將浪費大量時間與金錢，表現出你的遺憾。此舉隱隱傳達了一項訊息，那就是你的協商對象將搞砸這場協商。

只要你的協商對象顯露出他大量投入，試圖完成這筆交易，這便可能是一個極爲有效的問題。看看以下幾個我們的親身經驗。

多年前，我們代表客戶和一家據點遍布全球的大型科學出版公司，協商一紙重要的長期出版合約。這家大公司派了五個人出席協商會議，排場有點太過盛大。出席者包括：

■他們的主要決策者；
■一名資訊科技專家，他出席是爲了解釋提案中的技術部分；
■草擬這份合約的人，他大老遠從德國趕來回答技術性問題；
■一位魅力十足的業務主管，負責播放他們大量的PowerPoint簡報內容；
■一位迷人的年輕女士，她負責翻活動掛圖〔像是美國電視節目《幸運之輪》（Wheel of Fortune）裡，負責旋轉益智遊戲轉盤的凡娜・懷特（Vanna White）的角色〕，並高舉精心設計的彩色圖表。

對我們而言，這家公司顯然投入五萬美元至十萬美元，或者是更多的時間與公費去蒐集所有資料，並讓這些人從美國各城市及歐洲飛過來。因此，我們覺得我們應該可以爭取到比他們放在檯面上更好的條件。當我們協商遇到僵局，想要他們能多給點優惠時，我們便這麼問：「太可惜了，你們可能得空手而回了。爲了這個提案，你們投入多少時間、努力與金錢？」

對方的回答發人深省，並爲接下來的協商定了調：「實際上，我們投入許多金錢與時間，我們是相當認眞地在爭取這項協議。」

這家公司的協商團隊很快意識到，已經投入這麼多了，除非我們要求的遠遠超過他們的極限，否則他們是無法隨便掉頭走人的。這個問題禮貌地提醒他們，協商優勢在我們手上，他們應該讓提案更具吸引力，才不至於落得讓一切投入落空。事實上，就在這段對話之後不久，提案中的條款便獲得大幅改善。

再來看另一個例子。我們和一家軟體開發公司協商，請他們設計一個我們打算上市的軟體。這個軟體會用到我們的專利知識，協助專家證人撰寫出更理想的報告。這家軟體開發公司的執行長及營運長，親自來向我們推銷他們的服務，接下來幾個星期，我們和該公司密切合作，把我們想要建構的軟體規格確定下來。協商期間，他們曾邀請我們到他們加入會員的高級私人俱樂部共進午餐。

最後，在多次對話及軟體開發商投入不少努力之後，他們透過電子郵件寄給我們一份詳細的提案。可惜的是，他們的開價比我們預設的金額的還高出三倍。我們覺得，用我們的價格可以請到別的開發商接案。只是，我們還是比較希望能和這家向來以品質稱著的開發商合作。

就在這時候，我們準備提出「爲了這個提案，你們投入多少時間、努力與金錢？」這個問題。我們找該開發商執行長談，向他道歉，告訴他我們付不起他們開的價格。我們恭維他們的表現，告訴他我們對他們有多麼欽佩，然後我們問：「爲了促成彼此達成協議，你們投入多少時間？」看起來很沮喪的執行長以疲憊的口氣脫口說出：「很多，看來我白費了許多時間與金錢。」我們再度道歉，並祝他一切順利。

兩天後，那名執行長打電話來，提了一項新提案，價格只有原本開價的三三％，正符合我們的要求。問一個簡單的問題，便能獲得如此不錯的結果。

問題

為了這個提案，你們投入多少時間、努力與金錢？

怎麼運用

「為了這個提案，你們投入多少時間、努力與金錢？」是一個很非常棒的問題，可以使大量投入的人做出額外退讓。面對透露或表明自己為了達成協議而投入大量心力的人，別怕提出這個問題。

怎麼回應

這個問題的重點是讓你思考（且感到緊張），如果交易無法繼續，你會有什麼損失。因此，回答這個問題的好方法是別上鉤，一點兒也別因為你目前投入的努力而顯得困擾。如果要扭轉情勢，你還可以客氣地把注意力轉移到對方身上，讓對方清楚，如果這筆交易無法繼續，他們會有什麼損失。例如：「我們提供客戶的都是最好的，我們了解除非趕快成交，否則你們看來會損失不少金錢，所以我們會很樂意加把勁，給你們最好的提案。」

問題45 如果我們無法達成協議，你會怎麼做？

這個問題的好處之一是，它暗示無論在任何情況下，你都不急於達成協議。當你點出雙方顯然可能陷入僵局，或無法達成最終協商協議時，你的協商對象可能會合理認為，你並不需要這筆生意，而他需要提出進一步的誘因才能吸引你同意這項協議。當然，這誘因可能是較好的優惠或較大的讓步。

想要了解你的協商對象是否有任何可行方案，可以和你達成協議，這會是一個很好的問題。如果他們真的提出任何可行的方案，你便處於擁有較多情報的談判優勢，可以決定如何讓協商對自己有利。

另一方面，如果你的協商對象沒有可行方案，這個問題的措辭（「你會怎麼做？」）可能真的有效，原因如下：它讓你的協商對象承認，如果交易不成，一些不愉快的事情可能會發生在他身上，此舉能幫你提升協商中的優勢。即使協商沒有破局（通常不會），這個問題還是會讓你協商對象開始思考，如果沒有談定交易，他會面臨什麼狀況。這是老闆交付他的任務，而他並沒有達成這項任務。沒有人會想覺得自己（或讓別人覺得）是無法完成任務的人，沒有人想要令人失望。如此，即使你問的對象沒有回答，這個問題也已經起了作用，因爲它提醒了你的協商對象，如果他們無法和你達成協議，將得承受什麼潛在的個人後果。

我們來看看幾個例子。我們的事業之一是舉辦課程及研討會，而且通常是在旅館舉辦的。幾年前，爲了把年度研討會移師至某家旅館舉辦，我們和該旅館進行協商。和我們協商的是一名業務經理，她的直屬上司是該旅館總經理。協商因爲價格問題陷入停頓，因此我們問那位業務經理，如果我們無法達成協議，她會怎麼做。這是一個好問題，因爲那顯示我們並沒有過度急切想和他們達成交易（我們還提及，我們也在和他們的競爭對手洽談）。我們或許會換得她不計一切代價要完成交易的回應，或至少這個問題會對她造成心理壓力，讓她避免因爲失去這筆生意，而必須向她老闆——總經理，報告她的失敗。

那名業務經理表示，他們同時也正和某醫療協會協商，該協會打算在同一天在該旅館舉辦活動。我們利用這項資訊，讓協商朝對我們有利的方向發展。我們指出，該醫療協會爲了迎合各地會員，每年必須不斷改變城市舉辦活動，而我們打算年復一年都在他們旅館舉辦研討會。因此，我們這個價值高出許多，值得較優惠的價格。這點打動了他們，因此同意我們要求的價格。協商之所以可以繼續進行下去，是因爲我們問那位業務經理，如果我們無法達成協議，她會怎麼做——她會和醫療協會這個價值比我們低許多的客戶達成交易。協商過程中，絕不應該低估在適當時機問這個對的問題，所能獲得的優勢與效用。

二〇〇八年時，雅虎的楊致遠和微軟的史蒂夫．鮑默爾協商，要把雅虎賣給微軟。楊致遠拒絕了微軟提出以四百五十七億美元買下雅虎的提議，雙方無法達成協議，讓雅虎股東損失高達二百億美元。楊致遠認爲協議破局是微軟的錯，這說辭不爲雅虎股東接受。協商破局之後沒多久，楊致遠便卸下執行長一職。如果當初鮑默爾曾問楊致遠：「如果我們無法達成協議，你會怎麼做？」楊身上的壓力或許會讓他重新思考，自己拒絕以高價賣掉公司有多愚蠢。

當你和任何必須回去向老闆、董事會或配偶報告的人協商時，「如果我們無法達成協議，你會怎麼做？」尤其好用。提及失敗的後果，會鼓勵對方進一步退讓。筆者曾經成功在不同情況下運用這個問題，包括面對保險調解員、企業對企業的業務代表，以及汽車業務員等。

問題

如果我們無法達成協議，你會怎麼做？

怎麼運用

「如果我們無法達成協議，你會怎麼做？」這個問題非常有效，因為它能讓你不至於顯得太過急切；能讓協商繼續，還能讓你的協商對象坦承他將怎麼做。此外，它也可以訴諸渴望完成任務、不想在老闆面前失敗的心，對協商對象造成微妙的心理壓力。

怎麼回應

就像多數的「心理戰術」問題一樣，回應的關鍵在於拒絕上鉤。這個特殊問題的好處是，它的回應是開放式的。好的回答可以提供對方資訊，讓自己看來像是處於非常有利的談判位置。例如：「我們正在看鎮上好幾間類似的房子。我們可能或會買塊地蓋自己想要的房子，也可能會繼續租房子，因為房地產市場正在衰退，買和租的價格雙雙下滑。你房子的地點並不是我們想要的，如果你開的價格無法反映這點事實，我們是不會考慮的。」這樣的回答是不錯的回應方式，不僅回應對方的問題，展現你的協商優勢，更沒有讓你自己陷入不利處境。

問題46 得獎的感覺如何？

人往往比較想和自己喜歡的人做生意，也往往比較會給予他們喜歡的人讓步。人比較喜歡跟自己興趣相投的人，或是表現出對他們背景與成就感興趣的人。我們發現，要贏得你協商對象的好感，有個有效的方法就是，問一些問能讓他們有機會暢談自己過去的豐功偉業、表現出對他們的成就感興趣，或是確定你和他們有共同的興趣。

要讓這項技巧發揮效果，關鍵在於要設法了解你協商對象的「激勵因子」，亦即會激勵一個人的事物。我們可以從許多跡象去了解一個人的「激勵因子」是什麼，而要了解這些跡象，則可以透過許多方式，例如在網路上搜尋、用心傾聽對方說的話，也可以從對方的履歷、甚至是牆壁上掛了什麼看出端倪。

一旦你找出那個人的「激勵因子」，接著就可以提出一連串有助於建立緊密關係的問題。通常最好要先發制人，在彼此開始討論交易條件之前就提出，應酬或午餐時間是運用這項技巧的一個好時機。以下舉出兩個例子，來看看我們如何運用這項技巧，營造對自己有利的局勢。

筆者的第一份合約是和美國科學界最大的組織之一協商的。我們旅行至華盛頓特區，先參加有導遊介紹的當地觀光行程，然後才開始展開協商。協商顯然一開始便不順利，我們努力推銷，但對方並不買帳。協商進展緩慢，對方不斷提出各種不同的障礙。例如，我們爲什麼要和你們這家小公司做生意？你們公司規模足以應付這個大案子嗎？你們公司結構有足夠的支援人力嗎？協商持續進行，但是沒什麼太大的進展，也缺乏有利的推進力。大約到了中午，對方主要的協商者說：「你們大老遠飛來，我們至少可以盡盡地主之誼，一起吃頓午餐吧。」你不必是一流的傾聽者，也可以聽得出對方隱含的訊息——午餐可以、交易免談。

於是我們休息用餐，筆者問對方主要協商者：「從鮑爾國務卿（Colin Powell）手上接過自由獎章，感覺如何？」我們在網路上搜尋時發現這些資訊，對方笑了笑，打開話匣子開始暢談他感到多麼驕傲，並鉅細靡遺地描述頒獎典禮的狀況。我們談到他擔任這個組織的執行長之前，是一位多麼重要的科學家，事實上這正是他最驕傲的一點，也就是他的「激勵因子」。協商的氣氛頓時從「我們爲什麼應該要和你們合作？」轉爲「我們要如何合作？」對方的態度突然有了一百八十度的轉變。

午餐過後，我們回到辦公室，很快協商出一份協議。我們心裡很清楚，如果沒有問：「獲得鮑爾頒發自由獎章，感覺如何？」我們是無法帶著一份協議回來的。我們不僅奉承了對方，也讓對方看出，我們是如何勤下功夫做研究與準備。

再來看看第二個例子。多年前，我們想和一家信譽非常卓著的全國性組織建立商業關係。我們寄信函與提案給他們，幸運的話，我們會收到客氣的回絕，但多數時候是石沉大海、全無回應。我們在這家公司的聯絡窗口是猶太人，筆者也是猶太人。有一天，筆者有機會和這名聯絡人通上電話，並試著使用意第緒語（猶太人使用，混合德語、希伯來語等的語言）對話。那名聯絡人也以意第緒語回答，他接著問：「你很常去以色列嗎？」結果我們發現了對方的「激勵因子」。這名聯絡人極力支持以色列，她為以色列募款，甚至每年都自願前往以色列軍隊服務。幾個月下來，我們天南地北地聊著一切和以色列相關的事，包括筆者的以色列之行、我們猶太人的傳統、我們猶太人的家庭、我們猶太人的教養等。以色列節慶時，我們會致上我們的祝賀。一旦打好良好的關係基礎之後，我們要求和該組織執行長會面，推銷我們的服務，對方同意了。我們的聯絡人如今和我們關係緊密，不只安排我們和執行長開會，雙方還簽了一紙互惠的長期合約。如果這層關係沒有建立好，我們是無法達成這項交易的。

別人也曾經將這項建立關係的技巧運用在我們身上，而且非常有效。自己當老闆的好處之一是，我們只和自己喜歡的人做生意。和彼此有良好關係、且是你喜歡的人做生意，有一種無形的愉悅感，這會讓交易更有意思、更令人滿意。因此，千萬別低估這種感覺的力量，以及它對協商的影響力。

不久前，筆者聘請一名園藝師傅來修剪一些樹木。這位園藝師傅穿著沙漠迷彩的褲子現身，頭髮很短、不斷稱筆者「長官」。「你當過兵嗎？」筆者問。「是的。」對方回答。「到過伊拉克嗎？」我問。「是的，在一九九一年及二〇〇三年。」對方回答。「什麼部隊？」「八十二空降師。」（美軍最早組建的空降特戰部隊，在第二次世界大戰中屢立奇功）這位園藝師傅觸碰到筆者的其中一個「激勵因子」，筆者的父親從軍多年，筆者也會捐錢給美軍慰問協會（United Service Organization）及其他組織以支持軍隊。這名園藝師傅把樹木修剪做得非常美麗，也獲得比高於原本談定的酬勞。當我們有其他工作時，也會直接找他。重點是要能觸碰到對方的「激勵因子」，這一點即使是對經驗豐富的協商者都相當奏效。

以下是另一個將這項技巧運用在我們身上的例子。筆者最近正和一名業務員協商一筆五位數字的交易，她上網查到我們公司位在鱈魚岬。在我們正式開始協商條款之前，她問：「你住在鱈魚岬嗎？」答案當然是：「是的」。她接著解釋她有多麼愛鱈魚岬，她全家每年都會在鱈魚岬某個地方租屋住一陣子。她的目的很清楚，她想讓我們喜歡她、和她建立關係，進而願意和她往來。

問題

得獎的感覺如何？

怎麼運用

如果你可以和協商對象建立連結及個人關係，便能爭取到更多、更好的條件。有一個簡單的方法可以達到目的，那就是問一些能讓他們暢談自己豐功偉業的問題、表現出對他們的成就感興趣，或是確定你和他們有共同的興趣。

怎麼回應

這顯然是一個很沒有侵略性的問題，目的當然是要奉承你、和你交朋友、讓你無法保持客觀，以及慫恿你透露出一些不利於你的資訊。抗拒這種手法的最好方法是嚴謹回答問題，並立即將焦點轉回手邊的協商。實際上，你可以客氣地回答，但是讓對方清楚你是在商言商。例如：「那的確是一項殊榮，謝謝。現在我們來看看另一個問題，貴公司的裁員狀況。遇到重大事件時，你有什麼緊急應變計畫讓計畫可以繼續下去？」

問題47 你有沒有想過，如果你不同意會有什麼損失？

有一種強而有力的方法，可以協助你打破僵局、爭取到你想要的，那就是問對方：「你有沒有想過，如果你不同意會有什麼損失？」這個問題的弦外之音很簡單：別搞砸了，沒了這筆生意，你可能眞的會遇到麻煩。請注意，這個問題和問題四十五不一樣，焦點不全然在協商過程中浪費掉的時間與金錢，還包括無法達成交易的直接負面後果（諸如可能在其他方面得支出更多，無法省下你原本可以省下的錢等）。

「擔憂」是讓股市價格失控的兩種情緒之一（另一種是「貪婪」），也可以成爲協商過程中極具影響力的情緒。「你有沒有想過，如果你不同意會有什麼損失？」的目的是，要激起協商對象對失敗或損失的擔憂。就像在股票市場一樣，如果你可以成功讓協商對象感到擔憂，通常可以讓他的協商地位迅速轉變。

對方對於這個問題，可能有兩種回應方式，不管哪一種對你都有利。第一種可能的回應方式是，協商對象不予理會或閃避這個問題，或是試圖改變話題。例如：

問：你有沒有想過，如果你不同意會有什麼損失？

答（不予理會）：我問你，你的期限是什麼？

如果對方閃避問題，沒關係，當你這麼問對方，你已經在他腦袋埋下焦慮與害怕失敗的種子，而且隨時可能引爆。你可以在之後的協商中，再次提出這個問題。

第二種可能的回應方式大致上就像是「你的意思是什麼？」這麼回答會給你相當大的揮灑空間，可以好好向你的協商對象闡述爲什麼他應該感到擔憂。想要讓「你有沒有想過，如果你不同意會有什麼損失？」發揮最大效果，你得做好準備，以便有效說明因爲不同意你的條件，而可能降臨在對方身上的麻煩、難堪與失去的商機。這得事先下功夫，在問「你有沒有想過，如果你不同意會有什麼損失？」之前，應該思考如果對方給你表達的機會，你要提出什麼說法。

「你有沒有想過，如果你不同意會有什麼損失？」幾乎各種協商情況都適用，包括買與賣。最適合運用的時機是協商遇到僵局，或是協商對象需要臨門一腳促使他們同意的時候。只要別過早提出，這個問題本身風險相當低。要注意的是，如果你太早於協商時提出這個問題（出現僵局之前），它可能表現得像是一著高壓棋，讓協商對象對交易失去興趣，不想再聽。

過去幾年來，我們多次成功運用「你有沒有想過，如果你不同意會有什麼損失？」這個問題。請看看以下兩個例子。

沒多久前，筆者接到一通潛在顧客打來的電話，他是一位專家證人，曾經買過幾本我們出版的專家作證的書籍。他問了我幾個問題，內容和他擔任專家證人的實務經驗有關，他希望讓這項業務成長，並從中獲取更多利潤。從簡短的談話過程中，我知道他在擔任專家證人時犯了幾項嚴重的錯誤，也知道他如果能夠出席我們的年度全國專家作證研討會，肯定會獲益良多。以下是我們的對話過程：

客戶：研討會時間多長？

筆者：四天。

客戶：會要花多少錢？

筆者：學費是二千美元。研討會是在芝加哥一家價格非常合理的旅館舉行，旅館提供免費機場接送，所以你的總花費大約在三千美元上下，包括學費、住宿、餐點及機票。

客戶：哇，那真的是好貴。

筆者：你不是才問我是不是應該去念法學院，學習如何當個更好的專家證人嗎？和研討會的費用比起來，放棄三年執業所得去念法學院，再加上學費，花費超過三十萬美元。我們的課程跟法學院不一樣，可以真的教給你能夠馬上運用的實用事物。

客戶（聲音像是在抱怨）：你的課程一天要五百美元，真的非常貴。

筆者：如果你不參加，你有沒有考慮過你會蒙受什麼損失？

客戶（聲音遲疑且緊張）：你的意思是？

筆者：專家作證這一行，只要犯錯就沒有機會了。如果你犯下重大錯誤，一旦流傳出去，便再也沒人會聘請你，一切就結束了。我敢說，如果你不接受訓練，犯錯是遲早的事。你提到你聘請的律師因為未能讓你做好準備，害你的證詞差一點出錯。我們會教你一套萬無一失的方法，可以避免這類情事發生。你還有提到收費，你的收費太低，我們會告訴你同樣的工作如何收取更多費用，而不致於讓自己跟不上市場行情。我們會教你如何爭取更多業務，並避免被耍。我們傳授的東西不只這些，那是你要經營的職業，現在不是省小錢失大錢的時候。

客戶：我懂你的意思了，請再告訴一次研討會的日期，我好空出我的行程。

請注意在這個例子中，我們是如何做好萬全準備，以強而有力且令人難忘的語彙告訴他，如果他不參加我們的研討會，將會蒙受什麼損失。要讓「你有沒有想過，如果你不同意會有什麼損失？」充分發揮作用，你必須做好準備讓對方清楚知道，如果不接受你的條件，將會發生什麼具體的不良後果。如果你能做好準備，通常就能像我們一樣達到戲劇性的結果。

以下是另一個我們運用這個問題，獲得戲劇性結果的例子。我們最近和一家旅館協商要租用一個場地，供我們即將舉辦的研討會使用。由於情況有點不尋常，我們在研討會舉辦日期前大約六星期才決定要那個場地，以舉辦會議來說，這可以說是最後一刻的決定。就像許多事情的最後一刻一樣，我們看到了爭取一筆大好交易的機會，因爲該旅館的會議中心想必不想讓場地白白浪費不用，卻又不大可能在那麼遲的時刻找到其他團體承租。

該會議中心一般的定價是每人每天九十四美元，我們則表示不可能付超過七十九美元。他們再降至八十五美元，然後協商就陷入了僵局。我們又開了三場協商會議，一樣沒有結果。我們手邊還有其他地點可以作爲備案，因此我們決定放手一搏，爭取以七十九美元定案。以下是我們討論的內容：

筆者：八十五美元是你們最好的價格了嗎？

會議中心：那對你是相當值回票價了，我們的會議中心絕對是一等一的。

筆者：太可惜了，我們的最高預算是七十九美元。

會議中心：是的，我知道。如果你們備選的地點沒像我們那麼好，你們的學員會失望的。

筆者：如果無法符合我們的預算，你有沒有考慮過你會蒙受什麼損失？

會議中心：不會有什麼損失，另一個團體有興趣在星期六承租這個場地。

筆者：呃，我想你一定想過，我們是星期六、星期日為期兩天的活動，因此產生的營收會是平時的兩倍。我從我們的討論中得知，你閒置的場地足夠容納我們及另外那個團體。和你們合作很愉快，上次承租的那個場地，我們已經連續租用三年了。我們真的喜歡這個地方舒適的感覺，想要繼續在這裡辦活動，除非場地已經被訂走了，讓我們租不到。我很訝異你們竟然無法配合我們的預算，寧可讓那場地閒置在那兒。你們想在這麼短的時間內找到另一個團體承租該場地，機會幾乎是零，妳有我們要的場地，而我們會是很好的長期常客。

會議中心：我一小時內回你電話。

大約二十分鐘後，我們接到該會議中心打來的電話，同意了我們的價格。他們完全接受我們提的價格。問「如果無法符合我們的預算，你有沒有考慮過你會蒙受什麼損失？」打破了看似棘手的僵局，轉變成我們絕對的優勢。

另一種回應這個問題的方法是，積極要求對方保證，你一定可以得到他們畫出的大餅（請同時參考問題二十九）。事實上，你是在設法戳破對方的牛皮。例如：「你說如果我買你的機器，我就能讓獲利倍增；如果我沒有買，便不會有這樣的好運。我想你一定願意白紙黑字寫下來，保證獲利倍增？」當然，你不大可能讓對方做出這種保證。如果對方確實照做，你就贏了。如果得不到書面保證，你至少已經成功擋掉這個問題，並因為展現出不害怕及懷疑的態度，而改善自己的協商地位。

問題

你有沒有想過，如果你不同意會有什麼損失？

怎麼運用

「你有沒有想過，如果你不同意會有什麼損失？」是有效打破僵局，或是在協商中取得勝利的好方法。這個問題會觸碰到你協商對象內心的擔憂。「如果無法符合我們的預算，你有沒有考慮過你會蒙受什麼損失？」這至少會使你的協商對象在腦海裡思考交易失敗的情景。不過，這個問題通常會是一個開端，能讓你將事先準備好的台詞拋出來，告訴你協商對象可能遇到什麼不良的後果。一旦對方聽進去這些潛在的負面結果，你通常能戲劇性地讓協商對象棄守原先堅持的立場。你不應該貿然提出這個問題，以免讓對方認為這是你強力推銷的手法，因而對你產生倒胃的印象。

怎麼回應

對方問這個問題的目的是要讓你心生憂慮。協商中，擔憂代表軟弱，而軟弱則會帶來低於標準的結果。因此，有效回應這個問題的關鍵是，絕對不要展現出擔憂的感覺，你的回應應該充滿自信，可能的話，反過來提供一些免費的資訊，鞏固自己的協商地位。例如：「我知道你有話直說，我的回答也很直接。答案是，那沒什麼。我會找到更好的、且不需要太多成本的方法。」或：「我手邊還有三位潛在顧客排隊等著，所以你問題的答案是，那沒什麼。」或：「呃，就算沒有談成這筆交易，我的業績也已經相當不錯了，所以我可以很自信地說，我沒問題的。」

問題 48

你講出這番話，要我怎麼繼續談下去？

「你講出這番話，要我怎麼繼續談下去？」是一個因地制宜的問題，它適用的狀況不多，主要是在協商遭逢激烈辯論，而協商對象說出完全不恰當的言詞或批評時運用。這類言詞可能是性別或種族方面的歧視，也可能是對你性別取向或外表的侮辱等。「你講出這番話，要我怎麼繼續談下去？」的目的，是要點出你協商對象的不當言詞，並讓他爲此付出代價。

如果能在適當的場合運用，這個問題將可以對協商發揮立即且戲劇化的影響。一旦你問出「你講出這番話，要我怎麼繼續談下去？」你的協商對象會馬上意識到自己犯了嚴重的錯誤，而這個錯誤可能會對他的職涯與聲譽造成嚴重而長久的影響。你的協商對象會不計代價想要解決這個局勢，然後把這個錯誤拋諸腦後，讓聲譽保持完美無瑕。

這個問題的弦外之音是：這是一個非常嚴重的錯誤，除非你的協商對象挽救自己犯下的錯誤，否則便得爲此付出代價。了解事態嚴重之後，你的協商對象幾乎總是會深深道歉，並表示自己沒有那個意思。最重要地，他可能願意做任何他可以做的事情，以彌補自己犯的錯誤，平息整個局勢。

當你的協商對象這般羞辱你，我們建議你先別公然威脅說要公開。如果你還是想要盡可能爭取到對自己有利的條件，並且快速達成交易，這麼做雖然會讓你覺得一時爽快，卻也會產生反效果。再者，如果你的協商對象相當清楚自己的失禮，可能會讓他個人及工作蒙上什麼後果，你這麼做也只是多此一舉而已。選擇高格調的作法，接受眞誠的道歉，然後回來繼續協商，才是處理這類令人遺憾的事件最有效的方式。你的協商對象接下來將會更加小心自己的措辭，更重要的，他很可能會熱切想取悅你，以令你感到滿意的方式完成這場協商，並假裝什麼事情都沒發生過。

每當我們在發生令人遺憾的事件時問這個問題，效果都很好。例如，筆者多年前曾和一位大型全國企業的代表協商。協商過程中，與筆者協商的那位代表不僅抱怨協商過程冗長，也抱怨我堅持爭取較好的價格。在辯論激烈的協商過程中，他問我「我到底還要和他討價還價多久啊？」（原文「How much longer I was going to Jew him down」有貶低猶太人之意）。

他這麼說令我神經爲之一緊。我深深吸了一口氣，注視著他的眼睛問：「你講出這番有辱猶太人的言詞，要我怎麼繼續談下去？」他聽到這個問題的瞬間彷彿看到鬼一樣，他意識到他自己和他老闆可能面臨的麻煩有多大。他立即爲自己無禮的言詞道歉，我接受他的道歉，並同意繼續協商。接下來他變得非常隨和，而且一心想取悅我。事實上，他幾乎事事順從。不需多說，我因而能夠談到極爲優惠的條款。

以下是另一個小例子。多年前，筆者妻子打算購買一輛新車。我們走進某家經銷商的展示間，一名業務員出來招呼我們。令人遺憾的是，這招呼是他和筆者妻子最後的交流。每次我妻子問他問題，他都是直接對著我回答，而不是對著我們兩人。他問了我幾個問題，例如我想要什麼，卻從不問我妻子。他顯然認定我是購車的決策者，我看得出我妻子的脾氣就要爆發了。

我們走進這名業務員的辦公室討論價格。他問我們要什麼，他指的是價格。我深深吸了一口氣，看著他的眼睛說：「我要的是對我妻子一點點的尊重，你只顧著和我說話卻一直忽略她。要我們怎麼繼續和你談下去呢？」

這名業務員臉色瞬間變得一片慘白，你眞的無法想像他臉上的表情。他非常眞誠地道歉，而我們隨後則繼續討論我們要買的車子。最後，我們不僅爭取到非常有利的價格，也獲得有問必答、非常親切的服務。

看完上述兩個例子你可以知道，如果在協商過程中受到不恰當的對待，你面對的是什麼選擇。你大可以揭發這個無禮的人，然後掉頭走人，但這種方式無法幫你爭取到你想要的交易。反之，我們建議你，先讓這個人了解他的不恰當行爲，然後好好利用這件事作爲殺價的籌碼。

問題

你講出這番話，要我怎麼繼續談下去？

怎麼運用

你的協商對象有時難免會不小心說出極其無禮或不恰當的言詞。遇到這種情況，問「你講出這番話，要我怎麼繼續談下去？」可以幫你在協商中取得強而有力的優勢。在你提出這個問題之後，對方通常會馬上向你道歉。更重要地，你的協商對象可能會變得非常願意通融，也願意做任何必要的努力，只求讓你開心，並平息已發生的事情。

怎麼回應

這顯然是一個難以回應的問題。因應這個問題最好的方式便是，不要說出不恰當的言詞，以防對方提出這個問題。如果你真的說了歧視性別或種族等言詞，或是侮辱、冒犯到別人的性別取向、外表等，你的處境便非常非常艱困了。在這種情況下，你最好誠摯地向對方致歉，並希望這件事不會傳到其他人耳裡。你當然也會從中學到教訓，確保自己未來不會再犯同樣的錯誤了。

問題49 這對我有什麼好處？

在協商中問這個直截了當的問題非常有效，通常會讓被問者難以招架。被問者難以招架時，比較可能洩漏寶貴的資訊（如何聰明地蒐集資訊，請參考第一類）。被問者對這個問題自然而然的反應是，開始「推銷」他的計畫或構想，他通常會源源不絕地告訴你一連串應該接受他計畫的理由，包括金錢和其他相關的效益。

這個問題同時暗示，發問者本身其實興趣缺缺。發問者可以藉由這個問題獲得協商優勢，讓被問者改採守勢。如此往往會讓你的協商對象（被問者）繼續加碼，給你原先他並沒打算給的好處。

被問者會這麼做的原因有幾點。這個問題暗示，除非有相當好的理由，否則發問者並不想接受被問者的計畫。對許多人而言，只要問這個問題便可以讓協商朝正確的方向前進。這個問題同時清楚表達，除非成本效益合理，足以達成交易，否則發問者是不會接受這項計畫的。當有人出其不意打電話給你，在你沒有準備的情況下開始和你協商時，也很適合問對方這個問題。

突如其來的協商可能會對你產生非常不利的影響，因爲你毫無防備，也沒有時間思考。此外，突擊你的人可以快速判斷，你被問及這個問題的當下反應有多麼強烈。你愈快同意，他就愈不需要給你太多好處，便能爭取到你這份協議。遇到這種突如其來的協商或提案時，問「這對我有什麼好處？」可以立刻擊敗對方的突擊，爭取到立即的讓步，並幫你於協商中贏得優勢。

「這對我有什麼好處？」的心理作用非常強大。這個問題提醒那位想要你去做一些事情的人，除非有充分的理由接受他的計畫，否則你可能不得不明確且客氣地婉拒。這個問題也會使被問者揭露計畫的細節，這類細節往往會被老謀深算的協商者刻意掩蓋起來。最後，「這對我有什麼好處？」給發問者一個思考的機會，以及一個在對方回答之後說不的機會。

在以下的幾個例子裡，我們運用這個問題幫自己省下不少時間、訂出我們應該優先注意的事項，以及談到較好的機會。

多年前，有一家大型未上市企業想要收購我們公司，對方極盡阿諛奉承之能事，我們則感到非常興奮。我們協商機密協議、揭露各式各樣的資訊，並和這個潛在買主進行了無數場的會議。簡單說，我們分心花在這方面的時間，多到我們幾乎沒辦法好好經營自己的事業。最後我們收到的提案卻是，我們得放棄自己公司的經營權及擁有權，以換得那家大型企業的不可流通股票。也就是說，他們實際上是要我們投資他們！我們當然拒絕這項對我們不利的提議，只是我們也因爲分心在這整個過程中，而耗費掉龐大的時間與金錢。

這個經驗讓我們從中學到了教訓。如今，只要有人找上我們要談收購（這種事幾乎都是突如其來的，因爲我們本身並沒有對外表示要賣公司），我們都會先問對方：「這對我有什麼好處？」（現金或現金以外什麼好處）、買家曾付出營收的多少倍來收購一家事業（請參考問題十三），以及潛在買主可運用現金有多少等問題。這個簡單的方法替我們省下數百個小時，也因而幫我們省下數十萬美元。

當你想購買東西時，問這類問題的效果幾乎都不錯。問這類問題讓你有時間思考，展現不急切的態度，並使賣家提出具說服力的理由，告訴你爲什麼你要支出這筆好不容易賺到的錢。請看看以下例子。多年前，筆者和妻子曾試乘一輛豪華轎車，要在這輛豪華轎車及另一輛比較沒那麼高檔的車款之間做選擇。我們問業務員：「爲什麼我們要多付這些錢買這輛車？爲什麼不買那輛等級沒那個的車款就好？這對我有什麼好處？」他的答案不僅傲慢、更無知，令人驚訝不已：「這款車是給層次與眾不同的人，而且我不賣等級較低的車款。」這類回應令我們感到相當不愉快，當下決定不要和像他這樣的人打交道。最後，我們轉向另一名可以清楚、禮貌表達那款豪華轎車價值的業務員購買，他讓我們覺得這款車是值得的。

問題

這對我有什麼好處？

怎麼運用

「這對我有什麼好處？」這個問題可以幫你節省時間與金錢。無論什麼時後，只要有人要求你去做什麼事，或是鼓吹你購買什麼東西，你便可以考慮問這個問題。這個問題可以快速、有效地區隔，哪些機會可以提供優渥的報酬、哪些則否，並且可以傳達出你並沒有太過急切，還有助於鼓勵被問者改善他們的提議。

怎麼回應

協商若要成功，許多時候通常是看你是否做好充分的準備。要最有效地回答這個問題，你必須事先做好準備，以強而有力而且容易理解的措辭，陳述你的提案對於對方有哪些明確的效益。例如：「你將能夠以較低的價格收看兩倍的頻道，還有免費電話服務。」事先列好各種理由，將能幫你完整且自信地回答這個問題。

問題50 會不會有什麼事，影響到我們的協議或長期關係？

許多時候，你在協商中可以爭取到的最有利結果，其實就是不達成任何協議。當你和不知名、不可靠的人，協商一段長期的潛在關係時，這句話尤其真切。和一位你不信任的人維繫長期關係，通常不是什麼好主意。問「會不會有什麼事，影響到我們的協議或長期關係？」讓你有機會觀察協商對象如何回應。如果有任何不誠實或模稜兩可的跡象出現，都應該提高警覺。

這個問題的另一個好處是，它的前提會強化你的協商地位，而它的前提當然就是你們之間的關係會長期維持。對你的協商對象而言，這很可能是一項非常寶貴的商機，因此他理應做出相稱的讓步。

最後，這個問題不是一般性的協商問題，協商對象不會預做準備，事先也難預料得到。問「會不會有什麼事，影響到我們的協議或長期關係？」可能會令你的協商對象措手不及，你可以能從他的回應內容及回應方式中，找出一些蛛絲馬跡。

有個時機問特別適合問這個問題，就是當你知道一些關於你協商對象的資訊，而對方卻不知道你知道時。如前所述，在這種情況下問「會不會有什麼事，影響到我們的協議或長期關係？」可以讓你快速判斷，你面對的人是不是一個誠信、值得信任的未來夥伴。當你問這個問題時，要密切觀察對方如回應。如果對方是一個不誠信、有所隱瞞的人，你便應該好好思考是否該和這種人往來了。

我們在經營過程中，曾多次有效運用這個問題。多年前，我們和某家旅館協商一紙長期合約。這家旅館有點老舊，而我們的合約包含該旅館口頭承諾要翻修老舊設備。我們透過關係發現這家旅館待售，這一點對方從未在協商中提及。爲了確保我們面對的是值得信任的夥伴，我們和該旅館總經理安排開會。開會時，我們問：「會不會有什麼事，影響到我們的協議或長期關係？」對方的回應是：「是的，但是我希望你能保守機密，因爲這是還未公開的資訊。這家旅館待售，但是出售的部分條款是，得在你們舉辦課程之前完成翻修。」這回答讓我們非常確信，我們面對的是一名正直的人，我們達成交易，並一直維繫商業關係——互惠的關係直至今日。

再看看第二個例子。多年前，我們爲公司的訓練錄影帶，和一家經銷商協商一紙長期合約。但我們無法從對方身上感受到任何熱忱，於是我們問對方：「會不會有什麼事，影響到我們的協議或長期關係？」看看對方會如何回應。對話過程如下：

問：會不會有什麼事，影響到我們的協議或長期關係？

答：我真的不知道該如何答這種問題。為什麼你們會在協商數週之後，提出這個問題呢？我以為我們就快要達成協議了？

問：我們是的，或本來是。

答：我們不是應該把這類事情，留給律師去處理嗎？他們會將一切標準揭露條款放入協議中。

問：我們並不想和你的律師建立長期關係，而是想要和你和你們公司。

答：呃，你要問的多半是屬於不公開的資訊，但是我可以向你們保證……

問：所以你是不能或不願意回答這個問題？

我們並不喜歡這樣的交流，最後只得選擇放棄這筆交易。這場對話幫我們省下許多金錢，因爲和你不信任的人往來，絕對不是什麼好主意。

再看看最後一個例子。筆者曾和一家國際出版社協商出版某知名期刊的版權，在協商接近尾聲時，筆者問這家出版社的主要協商者：「會不會有什麼事，影響到我們的協議或長期關係？」他轉身和他的團隊討論了一下，然後告訴我們，他們正打算買下另一個相同領域的期刊，並說明這項收購爲何對彼此都有利。這位協商者的坦誠，不僅有助於鞏固我們的信任與關係，也成爲我們和這家出版社簽約的原因之一。

問題

會不會有什麼事，影響到我們的協議或長期關係？

怎麼運用

在任何協商簽署長期合約之前，你可能會想問這個問題：「會不會有什麼事，影響到我們的協議或長期關係？」密切觀察被問者的表情，就像在玩撲克牌一樣，臉部表情及其他肢體語言都會透露出一些訊息。你可能可以從被問者回答這個問題的方式，判斷自己是否想要和對方有生意往來。如果你知道任何有關你協商對象的資訊，而對方卻不知道你知道，提出這個問題尤其有效。

怎麼回應

首先，保持面無表情。如果你說話時看起來一付內疚、推拖的樣子，無論你說什麼都不重要了。任何內疚、推拖的跡象都足以毀了交易。

如果沒有什麼資訊好揭露，就清楚明白如此向對方說明。例如：「沒有。」反之，如果的確有什麼資訊需要揭露，那就大方揭露。如果不這麼做，結果可能會讓對方失去對你的信任，進而放棄和你達成交易。

此外，坦誠以對可以幫你保住交易，因為那有助於建立彼此的信任，而信任正是成功建立長期關係必備的基本要素。例如：「是的，我得了癌症。我的症狀緩和許多，癒後情況良好，只是你完全看不出。我們有接班計畫，我的合夥人非常有能力，可以繼續為你服務。如果你可以不把這件事說出去，我會感激不盡。」

寫在最後

我們投入數十年的時間，去練習、發想及琢磨本書所提的五十個問題。我們曾犯過許多協商錯誤，也從這引人入勝且具挑戰性的過程中，學習到諸多經驗。我們經常講授協商的相關課程，並盡量在課程結尾時給學員一些忠告，讓他們了解如何把分散的資訊串起來，換句話說，也就是如何充分利用我們教導的技能。我們一向認爲那些忠告非常有幫助，有鑑於此，我們接下來要提供幾點一般性的原則，希望能協助你更有效運用本書的問題。

■ 練習——協商是一門藝術。練習的機會愈多，協商技巧便會愈純熟。風險不高的環境是練習協商的絕佳時機，例如到一般店家購物就是一例。

■ 準備——協商能否成功，原因多半和投入的努力有關，而不是什麼高明的妙計。做足功課，預先備妥幾個備案，盡量多蒐集資訊。事先想好你可以運用這五十個問題中的哪幾個，並針對對方可能的回應預做準備。

■提升自己的協商優勢，並盡可能善加運用——四處比價，找尋其他備案，別顯得過度熱切，也別拖到最後一刻。以建構長期關係的可能性來吸引對方，請參考第五類問題。

■取得並掌控資訊——要小心別向對方透露任何可能會對你產生不利的資訊，另一方面則可以刻意洩露一些能夠強化你協商地位的資訊。盡可能多蒐集一些資訊，請參閱第一類問題。

■不隨對方起舞——當對方問你一個問題，試圖導引你往某特定方向走時，並不表示你只能選擇被動地隨之起舞。迴避這類問題，或是回答你想要回答的。這很常見，你不會因此被指責。

■一開始便展現氣勢——考慮運用第三類有關協商如何起步的問題。

■將對方定錨——這項暗藏玄機的技巧，會使對方從你提的條件開始協商，請參閱第四類問題。

■盡可能和擁有最高授權的人協商——職權愈高的人愈願意、也愈能夠讓步給你。請參閱第二類問題。

■認清協商並不是非得你輸我贏——雙贏的解決之道通常最令人滿意，也最符合你的利益。請參閱第六類問題。

■別怕遇到僵局——不用屈服也可以打破僵局。請參閱第八類問題。

■ 非常仔細地聆聽，並觀察對方的表情——張開眼睛、耳朵，閉上嘴巴，通常對你最好。

■ 別拖到最後一刻——如果你有期限壓力，協商優勢便會盡失。反過來，你可以利用對方的期限來對他形成壓力。

■ 將對方的害怕、貪婪與自負，轉化爲你自己的優勢——請參閱第十類問題。

■ 協商價格的同時，也可以考慮如何讓方在付款條款上讓步——請參考第七類問題。

最後，我們希望你能好好思考我們所相信的、一個不爲人知的協商小訣竅，那就是：協商其實可以很有趣，協商一筆好的交易會令人感到相當心滿意足。練習、改善你自己的協商技巧，並嘗試運用本書所列的問題，也可以是一種有趣的活動。

我們眞心認爲，協商技巧絕對能幫你在事業上及生活上更爲成功。本書所列舉的問題（與答案），正是設計來幫你快速、輕鬆地改善協商技巧，而且又不失趣味。我們誠摯期盼你能夠將這些問題，運用在你自己、組織還有家庭上，並獲得巨大的效益。

UP叢書 0150

50個問題吃定所有對手

作　者—史蒂夫・巴畢茨基（Steven Babitsky）
　　　　吉姆・曼桂威提（Jim Mangraviti）
譯　者—黃貝玲
主　編—陳翠蘭
責任編輯—郭政皓
美術編輯—我我設計工作室
行銷企畫—劉慧雯
總 編 輯—林馨琴
董 事 長—趙政岷
出 版 者—時報文化出版企業股份有限公司
108019台北市和平西路三段二四〇號三樓
發行專線—（〇二）二三〇六—六八四二
讀者服務專線—〇八〇〇—二三一—七〇五
（〇二）二三〇四—七一〇三
讀者服務傳真—（〇二）二三〇四—六八五八
郵撥—一九三四四七二四時報文化出版公司
信箱—10899台北華江橋郵局第九十九信箱
時報悅讀網—http://www.readingtimes.com.tw
法律顧問—理律法律事務所　陳長文律師、李念祖律師
印　刷—勁達印刷有限公司
初版一刷—二〇一〇年九月六日
初版七刷—二〇二〇年五月四日
定　價—新台幣三二〇元

時報文化出版公司成立於一九七五年，
並於一九九九年股票上櫃公開發行，於二〇〇八年脫離中時集團非屬旺中，
以「尊重智慧與創意的文化事業」爲信念。

50個問題吃定所有對手 / 從買菜要蔥到ECFA談判桌 / 史蒂夫．巴畢茨基（Steven Babitsky）、吉姆.曼桂威提（James J. Mangraviti）作；黃貝玲譯. -- 初版. -- 臺北市：時報文化, 2010.09
面；　公分. -- (UP叢書；UP0150)
譯自：50 questions for successful negotiation: how to succeed in business and life by asking the right questions

ISBN 978-957-13-5271-8(平裝)

1. 談判　2. 談判策略　3. 問題集

177.4022　　99016346

ISBN 978-957-13-5271-8
Printed in Taiwan

第一類　探聽資訊

第一類　探聽資訊

問題 2 最近怎麼樣？

第二類　找對的人

第二類　找對的人

問題 5 你有沒有充分授權可以作決定？

第三類　先發制人

第三類　先發制人

問題 8 我先擬好議程寄給你，好嗎？

第三類　先發制人

問題 10 我們能不能放下過去，只談未來？

第四類　定錨效應

第一類　**探聽資訊**

問題 **3** 你什麼時候要敲定？

第一類　**探聽資訊**

問題 **1** 你是從哪裡知道我們的？

第二類　**找對的人**

問題 **6** 能不能和你主管談談？

第二類　**找對的人**

問題 **4** 我想解約，該找哪一位？

第三類　**先發制人**

問題 **9** 能不能碰個面，當面聊聊？

第三類　**先發制人**

問題 **7** 能不能在開會前寄封電子郵件給我？

第四類　**定錨效應**

問題 **12** X元你可以接受嗎？

第三類　**先發制人**

問題 **11** 你是重視團隊合作的人嗎？

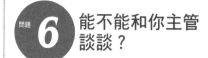

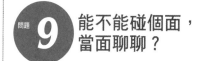

第四類　定錨效應

問題13 你最多付過多少錢？

第四類　定錨效應

問題15 你清楚業界的標準嗎？

第五類　建立優勢

第五類　建立優勢

問題17 你知道只有我們能提供這項商品嗎？

第五類　建立優勢

問題19 你要不要我推薦別人給你？

第五類　建立優勢

問題21 你知不知道……？（暗示資金吃緊）

第六類　把餅做大

第六類　把餅做大

問題24 我們要不要先試一陣子看看？

第四類　**定錨效應**

問題 14

可不可以告訴我價格大概是多少？

第五類　**建立優勢**

問題 18

你有什麼備案？

第五類　**建立優勢**

問題 16

你準備要失去我們這位顧客了嗎？

第五類　**建立優勢**

問題 22

你知不知道你競爭對手的價格比較低？

第五類　**建立優勢**

問題 20

如果這次談得成，你想我們未來會帶給你多少生意？

第六類　**把餅做大**

問題 25

假如我們……如何？（拉長合約期、增加訂單）

第六類　**把餅做大**

問題 23

我們要不要一起想辦法把餅做大？

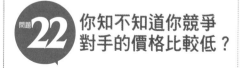

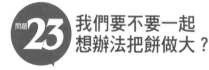

第七類　有利價格

第七類　有利價格

問題27 你要的是品質還是價格？

第七類　有利價格

問題29 你預估那會是多少？

第七類　有利價格

問題31 假如我付現呢？

第八類　打破僵局

第八類　打破僵局

問題34 沒達成共識就不走出這個房間，好不好？

第八類　打破僵局

問題36 某某人還在那裡工作嗎？

第八類　打破僵局

問題38 我們可以私下談談嗎？

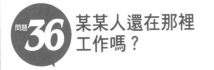

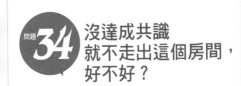

第七類　有利價格

問題28 你想要有錢還是有名？

第七類　有利價格

問題26 議價空間有多少？

第七類　有利價格

問題32 各大信用卡都收吧？

第七類　有利價格

問題30 你會不會給我們最低價保證？

第八類　打破僵局

問題35 我是不是可以結案了？

第八類　打破僵局

問題33 差額平均分攤，怎麼樣？

第八類　打破僵局

問題39 你可以推薦其他人嗎？

第八類　打破僵局

問題37 你要不要想想，有什麼雙方都能接受的方法？

第八類　打破僵局

問題40 你可以給我什麼，讓我回去跟老闆交代？

第九類　敲定成交

第九類　敲定成交

問題42 我們X月X日（月底）找個時間簽約好嗎？

第十類　心理戰術

第十類　心理戰術

問題45 如果我們無法達成協議，你會怎麼做？

第十類　心理戰術

問題47 你有沒有想過，如果你不同意會有什麼損失？

第十類　心理戰術

問題49 這對我有什麼好處？

第九類　敲定成交

問題41
沒問題的話，
我就請律師把
合約傳過去？

第十類　心理戰術

問題44
為了這個提案，
你們投入多少時間、
努力與金錢？

第九類　敲定成交

問題43
我的提案是否符合
你的需求？

第十類　心理戰術

問題48
你講出這番話，
要我怎麼繼續
談下去？

第十類　心理戰術

問題46
得獎的感覺如何？

第十類　心理戰術

問題50
會不會有什麼事，
影響到我們的協議
或長期關係？

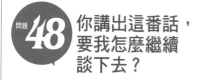